与最聪明的人共同进化

CHEERS

HERE COMES EVERYBODY

乾杯 CHEERS

# 带着目的去倾听
# How to Listen with Intention

◆

[美]帕特里克·金（Patrick King） 著

孙亚南 译

浙江教育出版社·杭州

## 测一测

## 你知道如何积极倾听吗?

- 社交技能专家帕特里克·金认为,倾听包含5个层次,从低到高依次为( )、假装倾听、选择性倾听、专注倾听和共情式倾听。
  A. 听而不闻
  B. 闻而不听

扫码加入书架
领取阅读激励

- 在积极倾听时,应该就对方说的话给出回应,以下哪种回应对双方互相理解不利:( )
  A."我对你说的事很感兴趣。"
  B."你是不是觉得必须有所改变?你想要什么样的改变呢?"
  C."我觉得你那么做不太好。"
  D."这是不是让你感到……"

扫码获取全部
测试题及答案,
跟随专家学习用心倾听

- 以下哪种做法有助于沟通中的共情:( )
  A. 共情他人时,不要对对方的行为进行解读,可以谈谈理论
  B. 对对方传达的信息感到好奇,暂时把自我抛在脑后,专心倾听对方说
  C. 专注于对方讲的事实或逻辑论证
  D. 想方法及时解决问题或想方设法避免感觉不适

扫描左侧二维码查看本书更多测试题

HOW TO
# LISTEN
WITH INTENTION

## 目 录

**第 1 章　什么是最好的倾听**　001

　　无效倾听为什么如此普遍　003
　　人人都渴望自我表露　007
　　那些无意识的倾听障碍　009
　　平衡双方的需求　017
　　对他人感兴趣，而非让他人对你感兴趣　018
　　与"无聊"的人开启高质量对话　020
　　让任何一位谈话者尽情倾诉　026

**第 2 章　搭建最适合彼此的对话场景**　035

　　了解双方的沟通风格　037
　　7 种沟通风格　040

|  | 找到彼此匹配的对话框架 | 048 |
|  | 5 个倾听层次 | 053 |

### 第 3 章　用反馈激活高质量倾听　　069

|  | 如何进行有效对话 | 071 |
|  | 倾听不等于消极被动 | 075 |
|  | 什么是积极倾听 | 076 |
|  | 如何积极倾听 | 078 |
|  | 共情式反馈 | 089 |
|  | 用反馈建立情感纽带 | 096 |
|  | 如何避免"反馈陷阱" | 098 |

### 第 4 章　用认可促成彼此的真正理解　　103

|  | 一切从共情出发 | 105 |
|  | 真正的理解比解决问题更重要 | 108 |
|  | 让对方定下谈话的基调和节奏 | 110 |
|  | 认可可以满足对话中普遍存在的情感需求 | 112 |
|  | 认可的两个要素 | 116 |
|  | 警惕"认可陷阱" | 121 |
|  | 6 步认可法 | 125 |

# 目 录

## 第 5 章　塑造深入而持久的关系　135

从培养情商入手，深入剖析自我和他人　137

剖析彼此的情商要素之自我意识　140

剖析彼此的情商要素之自我管理　143

剖析彼此的情商要素之自我激励　145

剖析彼此的情商要素之社会意识　146

不要让潜台词成为互动的障碍　149

挖掘表象背后的情感与诉求　153

# HOW TO
# LISTEN
## WITH INTENTION

第 1 章

# 什么是最好的倾听

善于倾听的人会专注于当下,把对话当作双方交换意见的良机。

HOW TO LISTEN WITH INTENTION

# 第1章
## 什么是最好的倾听

## 无效倾听为什么如此普遍

有个人第一次去看心理咨询师。想象一下,他和心理咨询师会有怎样的对话?他以前从未看过心理咨询师,不清楚治疗过程,难免感到紧张和无助,他努力想象着自己可能会遇到的情况。他是否要躺在沙发上?是否会被问及他对父母的依恋程度?是否会揭开尘封在他心底的旧伤?

当他进入咨询室以后,心理咨询师先是请他坐下,然后开口问道:"请问您有什么问题?"

"嗯,不太好说。"他如此答道,随后表示他只是希望通过心理咨询让自己变得更好,并强调自己并不一定有心理问题。

## 带着目的去倾听
HOW TO LISTEN WITH INTENTION

"看来您不太清楚自己来这儿的目的。"心理咨询师回应道。

听到心理咨询师这么说,他不禁开始怀疑自己是不是在浪费对方的时间,便说道:"不是的。只是……抱歉,我对这方面还不太了解。我想您每天肯定都会见到很多真正有问题的人吧……"

"这么说,您觉得自己没有心理问题?"

"嗯,我不是这个意思。我来找您不是因为我有……心理问题,而是因为我想成为更好的自己,您明白吗?"

"有心理问题也没关系,这又不是什么可耻的事,找专业人士咨询就行了。这并不代表软弱。"

虽然咨询仍在继续,但这才不过两分钟,他已经下定决心以后再也不看心理咨询师了。为什么?对善于倾听的人来说,原因可能显而易见:这位心理咨询师并不善于倾听。你发现这一点了吗?我们不妨来回顾一下。

首先,这位心理咨询师说话武断,不在意自己的说法是

# 第 1 章
## 什么是最好的倾听

否正确,也不在乎来访者是否想听。他并没有接纳来访者的感受,而是就其感受做了一连串的陈述和假设。他可能在来访者坐下之前就已经有了自己的看法并据此得出了结论。这种做法很令人沮丧。

其次,这位心理咨询师在没有弄清楚来访者来访原因的情况下,先入为主地表达自己的想法,完全忽略了来访者的实际需求。

这种无效倾听与沟通不良的情况非常普遍。可能许多人都像这位心理咨询师一样,根本不知道他们的倾听技巧对他们自己和与他们交谈的人来说很不适用。

本书要介绍的倾听技巧听起来似乎很简单,实际上做起来并不容易。倾听是良好沟通的核心,而沟通本身则是与他人建立有意义联系的核心。换句话说,学会倾听很重要。有人可能会说,心理咨询师受过专业培训,他们的工作重心就是倾听、理解并给出

**倾听 TIPS**

倾听是良好沟通的核心,而沟通本身则是与他人建立有意义联系的核心。

带着目的去倾听
HOW TO LISTEN WITH INTENTION

反馈,如果连他们都有出错的时候,那我们如何才能做好呢?首先当然是通过学习来获得必要的倾听技巧,这正是本书要介绍的内容。

当然,不善于倾听并不代表你这个人不好。获得自我意识和理解"元对话"(meta-conversation)①都需要一定的技巧,任何人都能学会。缺乏这些技巧其实也正常,毕竟人与生俱来的本能就是以自我为中心。有些人天生善于倾听,而大多数人则需要下点功夫才能做到这一点。也有些人善于倾听,但不善于向他人讲述,甚至不善于抒发情感。不过,无论是哪种人,只要从现在开始学习本书介绍的方法,都可以有效地提高自己的倾听能力。

认真倾听并不是多么伟大的善举,也不是纯粹的利他行为。当你真正用心关注他人时,不仅对方会受益,你自己也能学会以全新的视角看问题。这是典型的"双赢",它带来的益处可能超乎想象。而要想提高自己的倾听能力,你必须先完成这种心态上的转变。

---

① 元对话主要关注对话的方式,可以说是一种关于对话的对话。——编者注

# 第 1 章
## 什么是最好的倾听

# 人人都渴望自我表露

戴尔·卡耐基（Dale Carnegie）在其著作《人性的弱点》中也强调过倾听的重要性，并提出了许多建议，至今仍适用。

卡耐基的许多建议现在都已成为常识，但这些建议当初恰恰是通过他的著作才为人熟知的，其中不乏金玉良言。比如，卡耐基曾说："只要真正对人感兴趣，两个月内，你就会交到很多朋友，绝对比你两年内想通过吸引别人注意交到的朋友还多。"

事实证明，卡耐基的观点从生物学角度来看也是正确的。2012 年，哈佛大学的神经科学家黛安娜·塔米尔（Diana Tamir）和贾森·米切尔（Jason Mitchell）进行了一项名为"自我表露属于内在奖励"的研究，结果他们发现，人都有自我表露的冲动，这种冲动是人性中最基本、最强大的一部分。

> **倾听 TIPS**
>
> 人都有自我表露的冲动，这种冲动是人性中最基本、最强大的一部分。

## 带着目的去倾听
HOW TO LISTEN WITH INTENTION

脑成像结果显示,自我表露在大脑中触发的感觉与进食和性行为触发的感觉相同,而进食和性行为属于生理需求。这样看来,向他人传达和分享自己的想法可能也属于生理需求。

为了确定被试对谈论自己这一话题的重视程度,研究人员采用的方法是,给予愿意回答他人提出的问题的被试一定的经济奖励。有些问题比较随意,如兴趣爱好和个人品位等,有些问题则涉及人格特质,如好奇心、攻击性等。

研究人员发现,被试都愿意回答他人的问题,更有甚者,许多被试为了回答问题愿意放弃经济奖励。与获得经济奖励相比,他们更享受自我表露的满足感。事实上,为了能谈论自己的事情,他们放弃了17%~25%的经济奖励。

随后,研究人员使用功能性磁共振成像扫描仪观察被试在自我表露时哪些脑区最活跃,结果发现,被试的中脑边缘多巴胺系统中某些脑区的活跃度增强了,而这些脑区也与人从食物、金钱和性行为中获得的满足感有关。

此外,即便是在没有人倾听的情况下谈论自己,这些脑区的活跃度也会增强，而如果有人倾听的话，这些脑区的活跃度则会显著增强。

## 那些无意识的倾听障碍

倾听很重要，但真正善于倾听的人却很少。原因在于，我们有一些倾听障碍，它们会导致我们无法认真倾听他人的倾诉，而非仅仅因为我们缺乏相关的技巧或特质。

某些错误信念、习惯和认知盲点会妨碍我们与他人建立真正的联系，同时也会妨碍我们对他人产生共情，如果我们继续抱着它们不放，那么任何技巧都无济于事。这就好比一名水手拥有船只和高超的航海技术，却对水极度恐惧，那他是无法出海的。也就是说，有些因素对倾听能力是决定性的。

> **倾听 TIPS**
>
> 旧有的一些错误信念、习惯和认知盲点是妨碍我们与他人建立真正联系的关键，这对一个人的倾听能力具有决定性作用。

接下来,我们将详细探讨一些常见的倾听障碍。

你在生活中可能遇到过一些不善于倾听的人,不妨想一想,是什么让你觉得他们没有在听你说话?也许,最主要的问题在于他们眼里只有自己,只能看到自己的需求。这并不是说他们真有某些实际需求,而是说他们只关注自己的事情。

良好的倾听能够促成有效对话,而有效对话就像一场网球赛,注意力则像网球一样在谈话双方之间来回移动。如果一方只关注自己的事情,就像打网球时不好好发球或球过网后不回击一样,这时候,对话就会突然变成个人独白,迫使倾听者心不甘情不愿地听说话者的长篇大论。

> **倾听 TIPS**
>
> 自恋型对话就像两个人近距离的独白,至少有一方在带着竞争心态时刻博取关注。

这就是所谓的"对话自恋",而这样的对话就是自恋型对话。自恋型对话表面上听起来像正常的对话,但仔细听就会发现,它实际上更像两个人近距离的个人独白。其实从某种程度上来说,现在的人们比以往任何时候都感到孤独,正因如此,有效对话成

# 第1章
## 什么是最好的倾听

了一门即将消亡的艺术。

很多人都有一种感觉，即无人倾听自己的话，所以他们渴望得到关注，渴望成为焦点，渴望他人仔细倾听自己。令人感到悲哀的是，这样的人会带着自私的态度甚至竞争的态度进行本应互利的对话。为了让对方倾听自己或获得对方的关注，他们会一直这样做，而且随着时间的推移，他们会变本加厉。事实上，把对话当作获得关注和抚慰自我的平台，这无疑是一种失败的策略。

当你与他人对话时，你是否会默默地等着对方停止说话，同时心里一直想着对方闭嘴后自己要说的话？如果是这样，你很可能也存在对话自恋的问题。如果一个人无法完全抛开自己的内心独白，无法专心倾听对方的想法或说法，那么双方的对话最终会变成争相独白。

要想提高倾听能力，不能总想着寻求对方的关注，否则会使对话效果大打折扣。也就是说，不要一直想着将对方的关注点转向自己。不要将对话当成获得关注的手段，而要与对方愉快地交流。不要为了发言与对方相互争夺，而要将其当作盟友。双方都要互相配合，不要只说不听。另外，要向对方学习，而不要向对方说教。如果你存在以上问题，那么你可能需要彻底改变自己的社交目的。

无效对话可能会让人感到疲惫、无聊甚至更加孤独，而有效对话则令人愉快，可能还会产生一加一大于二的效果。

> **倾听 TIPS**
>
> 认真倾听需要我们暂时放下私利和自我，坦诚地听别人说话。

还记得前文提到的关于自我表露的研究吗？实验中，被试愿意放弃经济奖励，只要有人倾听自己的想法。要做到认真倾听，就要暂时放下私利和自我，坦诚地听别人说话。

社会学家查尔斯·德伯（Charles Derber）对自恋型对话进行了深入的研究，他认为这种现象可能会在不知不觉中产生。我们很容易误以为对话自恋者就是那些喋喋不休、高谈阔论的人，但事实要微妙得多。

根据德伯的观点，人们在对话中存在"能动性"，其表现形式可能是给予关注，也可能是寻求关注，后者又有主动

# 第 1 章
## 什么是最好的倾听

型和被动型之分。本书要探讨的是给予关注,而是否给予了关注则与我们在对话中使用的两种回应方式有关:支持型回应和转移型回应。

德伯曾对支持型回应和转移型回应进行了清晰的阐述,同时指出,二者会悄悄地渗透到日常对话中。先来看几个在对话中分别给出支持型回应和转移型回应的例子。

支持型回应是主动给予关注,注意力主要集中在讲述者及其话题上的回应方式,如就对方所说的内容提出问题。支持型回应可以是简单的确认,如:"啊,是吗?""嗯";也可以是积极地表示支持,如:"太棒了!"还可以是提问题,如:"你当时是怎么说的?"如以下对话:

**倾听 TIPS**

支持型回应主要关注讲述者及其话题,转移型回应则会力图将注意力从对方身上转向自己。

甲:我喜欢法国电影。

乙:你最喜欢哪部片子?

转移型回应则是主动寻求关注,并将注意力从对方身上转移到自己身上的回应方式。这种行为就像是将原本照向对方的聚光灯转向自己。如以下对话:

甲:我喜欢法国电影。

乙:是吗?我不太喜欢看电影。前两天,我在电影院看到了……

转移型回应并非都不好,在某些情况下也有用,尤其是在对方反复地悄悄"夺取"注意力时。有时,你甚至应该多利用转移型回应来获取关注或让对方知道你的感受。

如果双方都不善于倾听,都一直在给出转移型回应,那么,互动就会变成一场争夺注意力的角力赛,而不是对话。也许双方都满足了自己的表达欲,却都没有被对方倾听。陷于这种争夺的互动双方可能察觉不出来,而旁观者对这种互动则会感到困惑不解。

假设在对话中,一方不善于倾听,不断地给出转移型回应,另一方善于共情与倾听,不断地给出支持型回应,那么,

# 第 1 章
## 什么是最好的倾听

前者很可能会觉得这次对话很愉快，因为对方始终都在给出支持型回应；后者则可能很绝望，因为对方喋喋不休地讲着自己的生活和信仰，导致双方的对话变成了一个人的夸夸其谈。这其实是一种被动型对话自恋。

> **倾听 TIPS**
>
> 被动型对话自恋者会用不给对方支持型回应，以等对方讲不下去转而关注自己等微妙的方式争取关注。

被动型对话自恋者会怎样做呢？有些人仍然很注意社会规范和礼仪，他们会用比较微妙的方式来争取关注。

比如，有一种方式是不给对方支持型回应，等对方讲不下去了，他们就会得到关注。被动型对话自恋者会盼着对方失去讲话的兴致，然后他们就能说自己想说的话了。这就像一个人坐在树上等树下的猎物累了去睡觉一样，他知道猎物终会睡去，所以被动地等待时机。

你是否有过这样的经历：对话时，对方没有给出任何支持型回应，甚至连"啊，是吗"或"嗯"这种简单的回应都没有，你也不太确定对方是否将你的话听进去了。对此，对方可能是有意为之，他很可能是个被动型对话自恋者。

## 带着目的去倾听
HOW TO LISTEN WITH INTENTION

大多数人受到的教育是这样的：在对话中，喋喋不休地东拉西扯是不礼貌的，双方应该轮流讲话。虽然被动型对话自恋者也会遵守这些基本规则，但他们肯定不愿意让对方多说话，以免自己的发言时间被占用。他们不会给出真诚的反馈，这样，对方很快就会觉得自己应该停止说话——他们就这样重夺关注。

**倾听 TIPS**

降低对话自恋行为影响的首要做法是注意自己的自恋倾向并加以防范。

你可能忍不住去注意他人是否有对话自恋行为，从而想办法来应对，但更有效的做法是学会注意自己的自恋倾向并加以防范。你无法控制他人的行为，但可以控制自己的行为，成为善于倾听的人。这就是本书希望你达到的目标。如果你想控制他人的行为，那你可能需要看关于说服或催眠的书。

具有讽刺意味的是，往往是那些在对话中能认真倾听、懂得让步、对他人真正感兴趣的人，才会成为人们心中最有趣、最有魅力、最值得关注的人。如此看来，对话自恋者根本达不到让他人了解自己的目标，甚至可能事与愿违。幸好，下面几点建议可以帮助人们摆脱这些无意识的倾听障碍。

# 第 1 章
什么是最好的倾听

## 平衡双方的需求

要想进行有效对话，就需要平衡自己与他人的需求，而要做到这一点，你首先要知道自己的注意力所在及其去向。注意说话时间是如何分配的：是否只有一方在说话？双方是否有问有答？你不能只是假装对对方说的话感兴趣，而是要真正地暂时忘记自己，全身心地关注对方说的话。不要想自己之后应该给出怎样的回应，而要把注意力集中在对方当下说的话上。

> **倾听 TIPS**
>
> 进行有效对话的关键是平衡自己与他人的需求，而要做到这一点，首先要知道自己的注意力所在及其去向。

也就是说，不要急于通过解读对方说的话并将其与自己联系起来。要多给对方支持型回应，并通过问问题让对方多说，而不要总是把每个话题都转到自己身上。如果关注点突然到了你身上，可以暂时"享受"一下，但要尽快将其转回对方身上。正如我们小时候所受的教育：分享是一种美德。

"听你这么一说,我想起来一件事。是这样的……所以我很好奇,你也是这样想的吗?"说这种话的人愿意与对方分享对话时间,而不是独占所有时间。

## 对他人感兴趣,而非让他人对你感兴趣

> **倾听 TIPS**
>
> 在对话中自吹自擂且总想"压过"对方的人最没有安全感,他们会控制对话并渴望得到关注和认可。

有些人在对话中似乎总是自吹自擂,总想"压过"对方,唯恐失去对方的关注,这样的人往往最没有安全感。他们会控制对话,因为他们渴望得到关注和认可。如果你发现自己经常在对话时自我吹捧、试图获得良好的自我感觉或寻求他人的关注和支持,那么,你可能需要学一学如何轻松自在地"退居二线"。矛盾之处在于,看起来最讨喜、最自信的人,往往是那些不会拼命抢夺他人注意力的人。

关于对话的真正目的,你是否在潜意识中抱有某些看

## 第 1 章
## 什么是最好的倾听

法？进行对话时，有些人是想要将自己的观点告诉别人；有些人是想对别人说教，告诉对方到底是怎么回事；有些人则只想展示自己的优越感。所以，你要弄清楚自己是为了什么与人对话。你真的对对方感到好奇吗？你是否已经对对方下了定论？你是否不愿让谈话的中心远离自己，而仅仅将对方视为听众、辩论对手或竞争对手？

通常，善于倾听的人会专注于当下。在应该关注对方时，他们不会分心去想自己的事情。他们会努力把对话当作双方交换意见的良机，在展示自己的同时也关注对方。

**倾听 TIPS**

**善于倾听的人会专注于当下，把对话当作双方交换意见的良机。**

你是否经常遇到这样的情况：在对话中，对方非常了解你，而你对对方却知之甚少？实际上，这种情况说明，此时信息的流动是单向的，即你霸占着对话时间。回想一下，你会问对方问题吗？你最近一次连续问他人 5 个问题是什么时候？

我们再回到倾听这个最重要的对话技能上来。善于沟通的人往往比不善于沟通的人说话少。虽然人的"自我"可能不喜欢这样，但事实上，我们说一个人善于对话，既不是因为他会讲最好听的笑话或故事，也不是因为他最有趣或最令人印象深刻，更不是因为他说话最多，而是因为他为人谦虚、友善，且对他人的有趣之处感兴趣。

> **倾听 TIPS**
>
> 高质量沟通的秘诀是对他人感兴趣，而非让他人对你感兴趣。

这就是沟通的秘诀所在：要对他人感兴趣，而非让他人对自己感兴趣。要向对方学习，而非向对方说教；要多听少说；要慷慨地让对方表达自我；要与对方建立联系，而非总想着给对方留下深刻的印象；此外，要分享对话时间或参与到对话中，而不仅仅是自己一个人讲述。

## 与"无聊"的人开启高质量对话

不，真正无聊的是你。

# 第1章
## 什么是最好的倾听

读完了前面的内容后，你可能会纳闷："我真的可以完全沉浸于对方所说的内容吗？"答案是肯定的。如果你能将注意力全都集中在对方身上，对方会感到愉悦。但如果你并不觉得对方有趣呢？事实上，确实有许多人暗自认为某些人无趣，所以并不在意他们说的话。比如，如果对方要讲的事情听起来平淡无奇，我们会忍不住思考听他讲要花多少时间，然后就不想再听了。

我们有时会不得要领，而有时，问题则出在我们的期望过高。实际上，对话并不一定要多么精彩或多么有用才值得参与。当然，我们不会对遇到的每个人都感兴趣，这很正常。毕竟，有些人会激发我们的好奇心，有些人则不会。我们完全没必要假装感兴趣，也没必要把自己弄得疲倦、厌烦。坦白地说，只要我们为人热情、友善，即便不能和遇到的所有人大谈特谈，也能拥有良好的社交生活。

然而，有些人喜欢自称内向，不喜欢社交；有些人觉得其他人很无聊，不值得浪费时间。相比之下，善于社交的人对社交有更深刻的理解。

在与人交往时，你要有信心，避免妄加评判，多倾听。

带着目的去倾听
HOW TO LISTEN WITH INTENTION

你要抛开那些关于有趣之人的先入之见。你可能会觉得有吸引力的人太少了，但其实他们一直都在，只要你问几个尖锐的问题，就能把他们找出来。你还要接受自己犯错以及其他可能产生的意外。此外，要积极寻找他人的优点和有趣之处。古语有言："三人行，必有我师。"这是很有道理的。你可以把对话当作一种学习途径。

如果你在谈话之初就判定某个人很无趣，之后就会一直觉得他无趣；反之，你就会觉得他有趣。牢记这一点。

> **倾听 TIPS**
>
> "无聊"的闲聊可以拉近彼此的关系，并有助于互相了解。

才交谈了几分钟，就因为对方没有给你留下深刻印象而认为对方无聊，这是很不礼貌的。而且，如果你问的问题本身就很无聊，可能也会导致你认为对方的回答听起来无聊。此时，你是在衡量他人对你的娱乐价值，而不是将其当成人来对待，这本身就是一种相当自恋的行为。当然，如果你还不太了解对方，就很难关心对方平淡无奇的生活细节；而如果对方对你来说是非常重要的人，那么，你肯定会很关心他。

## 第 1 章
什么是最好的倾听

确切地说,对方可能并不无聊,只是你还不太了解他,所以才不关心他。这就是矛盾所在:只有通过"无聊"的闲聊,试着拉近彼此的关系,你才能了解对方。社交是建立在友善的基础上的。你要先向对方表示善意。虽然你并不知道对方是否有趣,但你首先要希望他有趣,而且你要相信自己投入的时间和精力将会是值得的。

你可能希望刚开始对话就立即获得回报,而现实中更常见的情况是,你需要先投入一点时间和精力,然后耐心等待,可能要过一段时间才会获得回报。

所以,你不要强求。要抱着开放和接纳的态度试一试,至少坚持一段时间。即使你没有发现对方身上的有趣之处,仍然可以抱着同理心且不失礼貌地和对方交谈。在这个过程中,你可能会对自己有新的了解,比如知道自己的对话技巧可能有所欠缺,然后想办法提高自己的对话技巧。有些人需要进行多次对话才能敞开心扉,你要做的就是提出问题并用心倾听,与对方建立信任和融洽的关系。

如果你心怀期待,可能会惊讶地发现,对方确实有令人欣喜的有趣之处。虽然你对他的生活不感兴趣,但你很可能

带着目的去倾听
HOW TO LISTEN WITH INTENTION

会对他意想不到的爱好或非同寻常的经历、技能、价值观等感兴趣。你可以"推"对方一把，问他一些能够拉近双方关系的问题。

> **倾听 TIPS**
>
> 想要开启有趣的对话，你可以就某些事问对方的看法，并带头给出令人意外的答案，以此激发对方。

不要让对话内容停留在表面，而要就某些事情问一下对方的看法。你可以先透露一点自己的想法，让对方安心。也就是说，在与他人交流时，有时你可能需要"带个头"，给出意想不到的答案，以此激发对方给予你回应。你要实事求是，并努力做到诚实和真诚。如此一来，对方往往非常愿意以同样的方式回应你。

如果你仍然认为对方讲的事情很无趣，那可能是因为你没有找对人。你可能需要找那些与你有更多共同点的人，而不仅仅是同事、同学或家人。你可能经常与同事、同学或家人对话，但他们不一定是你要找的人。

有时，当你拓宽了自己的兴趣范围，你会发现他人也变

# 第 1 章
## 什么是最好的倾听

得有趣起来。因此,你要敢于尝试和冒险,避免妄下定论。你有时做不到认真倾听,可能是因为有些因素导致你与他人相处时感到不安,比如你的自我价值感低、抑郁、焦虑或生活不快乐等。

通常,受过欺负或虐待的人在对话中可能会采用一种居高临下的傲慢语气,其实那是他们在进行防御或想要掩盖他们觉得别人不喜欢自己的事实。正如我们所了解的,如果将他人视为敌人或对手,可能会"扼杀"自己的社交生活。

另外,一个人对他人不感兴趣,可能是因为他正处于人生的一个特殊阶段,思想还不太成熟,也可能是因为他到了某个年龄或生活在某种特殊环境中。

> **倾听 TIPS**
>
> 将他人视为敌人或对手,是在"扼杀"自己的社交生活。

年轻的时候,我们往往会认为,不能让自己受益的东西都是毫无价值的。这是一种利己想法,要想摆脱它,我们需要足够的经验和智慧,这样才能与他人建立健康的关系。

带着目的去倾听
HOW TO LISTEN WITH INTENTION

## 让任何一位谈话者尽情倾诉

**倾听 TIPS**

尽量让对方感到轻松自在，鼓励他谈论自己的事且让他感觉良好，这会让他说一些本不会透露的事，从而拉近你们的关系。

最适合进行深度倾听的心态绝对是脱口秀主持人那样的心态，比如吉米·法伦（Jimmy Fallon）、吉米·基梅尔（Jimmy Kimmel）、柯南·奥布莱恩（Conan O'Brien）等。如果你在苦苦思索何为好奇心以及如何运用好奇心，那你不妨想想你最喜欢的脱口秀主持人是怎么做的。柯南是我最喜欢的脱口秀主持人，接下来，我们来聊一聊他在节目中与嘉宾对话时展现出来的特质。

想象一下柯南在演播室里的情景。在偌大的演播室里，他坐在主播台后面，嘉宾则坐在一旁的椅子上。当柯南在节目中开始采访嘉宾时，在接下来的 10 分钟里，嘉宾就成了对话的中心，成了柯南遇到过的最有趣的人。嘉宾说的每件事都让他着迷，而他也对嘉宾讲述的事情充满好奇。嘉宾说

## 第 1 章
什么是最好的倾听

任何趣事,他都报以狂笑,并给出嘉宾想要的夸张反应。他非常乐观,总能对事情的消极方面给出幽默的解读。

柯南只有一个目的,就是让嘉宾在节目中感到轻松自在,鼓励对方谈论自己的事情,让对方感觉良好。这样的话,嘉宾就会说一些原本可能不会透露的事情,从而拉近两人的关系,这对脱口秀节目来说非常重要。

**倾听 TIPS**

只要稍微给出友善的鼓励和肯定,最怯懦的寡言之人也会敞开心扉。

收看节目的观众非常想了解这位嘉宾,柯南代表的就是观众。如果某位嘉宾在节目中装样子,观众一眼就能看出来。所以,柯南的任务就是利用自己的好奇心与嘉宾进行深层次的交流。

即使面对的是脾气暴躁或比较安静的嘉宾,柯南也能以较高的热情对对方表示出强烈的兴趣,给出对方想要的热烈反应,鼓励对方开口讲述,从而改善对方的态度,激发对方的热情。他就像在玩这样一种游戏,即用最少的话从对方口中套出尽可能多的信息。

带着目的去倾听
HOW TO LISTEN WITH INTENTION

当然，这种方法比较适用于生活中那些极难沟通的人。只要你稍微给出友善的鼓励和肯定，最怯懦的寡言之人也会敞开心扉。通过问问题将对话引向对方，还要让对方感到你关心他，这一点同样不可或缺。如果对方惧怕社交活动，这样做可以让他感到轻松许多，因为人们都喜欢那些喜欢自己的人。而你给出对方想要的反应，则可以让他变得外向，这样他就会对你敞开心扉。

曾有一位脱口秀主持人在开始录制前抱怨说，他大多数时候都不喜欢来参加节目的嘉宾，他觉得那些人很无聊，但他又不得不采访他们。不过，这也恰好证明，他已经通过充分的训练养成了对他人好奇的习惯。他一开始是有意识地保持好奇心，后来养成了习惯，很容易就能诱导嘉宾展开对话。

> **倾听 TIPS**
>
> 要向对方展露好奇心，表明你关心他、会听他畅谈，让他能轻松自在地与你进行更深入的交流。

向对方展露好奇心就是在表明你关心他，你会听他畅谈，让他可以轻松自在地与你进行更深入的交流。毕竟，如果对方觉得自己会受到冷漠的对待，就不会再透露自己内心的想法了。所以，就算你一开始只能假装好奇，也

第 1 章
什么是最好的倾听

应该模仿柯南的心态和态度。

如果你仍然无法像柯南那样自然地展露自己的好奇心，不妨尝试以下几种比较具体的思维模式，这些思维模式可以帮助你提高人际交往能力。

## 思考对方到底是什么样的人

当你开始对对方感到好奇时，你对他的看法就会完全改变。你会开始关心他，不只关心他的职业或他过得如何等浅层的方面，也关心他行事的动机和原因。

好奇是你能拥有的最佳态度之一，有了它，你会忍不住想要知道更多关于对方的事情。最终，你关心对方主要不再是为了满足自己的好奇心，而是单纯地想了解对方。

假设你小时候对计算机感到

> **倾听 TIPS**
>
> 好奇心会彻底改变你与人互动的方式，你会开始关心对方并对其进行深入的了解，直到把你想知道的东西整合起来。

好奇，可能会问貌似懂计算机的人很多问题，多到让对方厌烦。现在，你作为一个成年人，会把多少注意力放在计算机上？又会问什么样的问题呢？你很可能会跳过那些无关痛痒的问题，直接切入细节，因为这才是你关心和好奇的。

其实很多时候，你很难注意到一件事：你并不关心与你交谈的人。而好奇心会彻底改变你与人互动的方式，你会突然关心起对方来。你会对对方进行深入的了解，直到把你想知道的东西整合起来。

## 思考你能从对方身上学到什么

从对方身上学到什么并不是说你想要从对方身上获取什么，而是你要把对方看成值得关注的人。因为其他人都有自己的宝贵知识，无论它们是否与你的生活有关；其他人也都有自己擅长而你不擅长的领域，无论它们是多么微不足道或多么冷门。

你需要激发自己对对方的兴趣，而不是对对方漠不关心，这很有好处。举个例子，假设你非常喜欢滑雪，有一天

第 1 章
什么是最好的倾听

碰巧遇到一个曾经是职业滑雪运动员的人,他甚至可能在鼎盛时期参加过奥运会。

接下来会发生什么?你很可能会因为自己能从对方身上学到很多东西而兴奋不已,这会引导你和他的互动走向。如果你认为他值得交谈,你会希望和他进行对话,且能投入其中。但前提是,你必须深入挖掘,这样才能知道他是否值得交谈。

无论你是否愿意承认,有时你都会觉得有些人不值得自己浪费口舌。这是一个坏习惯,而以下这种想法是打破这种坏习惯的第一步:每个人都值得我们花时间与之互动,但需要下点功夫才能发现他们的有趣之处。

## 发现你和对方的共同点

当你发现对方和你拥有相同的生活经历时,你会立刻觉得他更有吸引力且更有趣了,因为你觉得他和你有相似之处。这听起

**倾听 TIPS**

找到双方的共同点能提升对方在你心里的地位,尤其是周围的人与你们都不同时。

来可能会让人觉得你有些自我，但大多数人的确更容易被那些与自己有相同观点和兴趣的人所吸引。

而且，找到双方的共同点甚至可能会提升对方在你心里的地位，尤其是当周围的人与你们都不同时。例如，如果你在国外遇到一个和你在同一家医院出生的人，即便你们俩以前不认识，你很可能也会立即对他敞开心扉。你可能会发现，他和你有相似的世界观、价值观和幽默感。不过，如果你没有在他身上进行深入的挖掘，你就发现不了这一点。

所以，你需要去探索，并通过问一些重要的问题达成你的目标。你可以从一个话题跳到另一个话题，也可以开门见山地问。

你这么做也许只是为了找些事情来关注，避免纯粹为了交谈而交谈，但这种态度的确可以大大改变你与人打交道的方式。不过，保持好奇心可能并非易事。所以，最后的一条建议是：将培养好奇心的过程当成一种游戏。你的目标是尽可能多地了解对方。假设对方身上有令人激动和兴奋的东西，你的任务便是将其找出来。最终，你会找到自己想要的东西。

# 第 1 章
## 什么是最好的倾听

你下次去咖啡馆或商店的时候，不妨在你遇到的咖啡师或收银员身上试一下：他们必须听你说话，如果对你友善，他们还可能获得额外的报酬。你会像对待自己的好朋友一样对待他们吗？你会对他们感到好奇吗？你能从他们身上学到什么？你和他们有什么共同之处？

你会不会问咖啡师或收银员过得怎么样？即使问了，你是否真的关心他们的回答？如果不，那当你和自己关心的人相处时，你会不会很快就能对对方产生兴趣呢？不妨试着改变你对周围人的态度。这是最简单的做法，你无须动一根手指，就可以彻底地改变你的人际关系质量。

> **倾听 TIPS**
>
> 将培养好奇心的过程当成一种游戏，尽量多了解对方，你就会找到自己想要的东西。

带着目的去倾听
HOW TO LISTEN WITH INTENTION

## 向上社交提升指南

为什么真正有效的沟通这么难？

沟通的困难从根本上说是倾听的困难，每个人都存在一些无意识的倾听障碍，要提高倾听能力，首先就要破除倾听障碍，学会有效地从对方身上获取信息。

- 常见的倾听障碍有 5 种：对话自恋行为、惯用转移型回应、总想压人一头、抱持先入之见、急于求成。

- 从沟通中的另一方身上获取信息的有效方法有 4 种：鼓励对方谈论自己、对对方保持好奇、思考对方的可借鉴之处、挖掘双方的共同点。

# HOW TO
# LISTEN
## WITH INTENTION

第 2 章

**搭建最适合彼此的对话场景**

先确认双方的对话框架是否匹配，如果不匹配就要大致确定各自的对话目标。

HOW TO LISTEN WITH INTENTION

第 2 章
搭建最适合彼此的对话场景

# 了解双方的沟通风格

以下可能是某些情侣再熟悉不过的场景。女友甲遇到了不愉快的事情，心情很不好，正在给男友乙讲事情的经过。乙在认真地听。但两人的对话进行得并不顺利，结果很糟糕。

甲：今天真是气死我了。我讨厌现在的工作！

乙：怎么了？你之前不是说挺喜欢的吗？出什么事了？

甲：我也说不清楚，有时候我好像根本没时间休息，一到公司就忙得不可开交。

乙：真的吗？你上周还说自己很喜欢现在的工作呢。

甲：是啊，有时候我自然是喜欢的。我只是觉得自己在费力不讨好，你明白吗？

乙：嗯，也许你应该让老板给你涨工资。

甲：不是工资的问题。今天，另一个同事差点儿捅娄子，我帮他把问题解决了，但他竟然连句"谢谢"都没说。我当时感觉很失望。

乙：你和他说了吗？不过，怎么说你也是他的上司，所以……

甲：我知道，但我总不能一直给下属收拾烂摊子吧？

乙：这么说，你没有告诉他你的感受？

甲：你根本没听我说话！这和他无关！

乙：哎呀，那到底是怎么回事？我一直在问你，但你就是不说。

甲：算了，不说了。

在以上这段对话中，甲和乙到底存在什么问题呢？乙可

# 第 2 章
## 搭建最适合彼此的对话场景

能真的很想继续对话，他想要"帮忙"，而且用的都是前文讨论过的良好的沟通技巧，但甲仍然觉得乙没有认真听她说话。其实，问题在于他们俩的沟通风格不同，而且双方似乎都没有意识到这一点。就像人天生就有左利手和右利手之分一样，人的沟通风格也是一种天性，是一种本能的行为方式。不过，这种本能的做法并不一定就是最好的。由于受社会背景、经历和喜好的影响，每个人对世界的看法都不相同。所以，当一个人的看法与他人的看法不一致时，就会产生无效倾听。

> **倾听 TIPS**
>
> 在学习新的沟通技巧之前，要先了解自己沟通风格的优缺点。

我们已经了解了一些倾听技巧和态度，它们可以帮助我们成为更好的倾听者，随后，我们将成为更好的沟通者，与他人沟通起来会更有效。本章接下来要讨论的是，在学习新技巧之前，了解自己沟通风格的优缺点至关重要。

要想理解本章开始的那段对话中甲乙双方存在的问题，首先要认识到，人在倾听时可能会采用不同的方式。如果双方的沟通风格相互冲突，就会导致误解或矛盾。归根结底，我们要意识到问题的存在，并且愿意变通，然后优先考虑与对方就这种冲突进行沟通。

## 7种沟通风格

心理学家拉里·巴克（Larry Barker）根据人的喜好、性格及对话目的，提出了4种不同类型的沟通风格。本章开篇提到的对话提醒我们，要想有效倾听，我们必须理解并调整自己的沟通风格，以顺应对方的沟通风格。

> **倾听TIPS**
> 
> 采用人本导向型沟通风格的人乐于合作且有集体意识，愿意理解他人，有同理心，可以提高团队凝聚力及和谐度。

巴克提出的第一种沟通风格是"人本导向型"。顾名思义，这种沟通风格关注的是对方及其感受。采用这种沟通风格的人具有合作精神和集体意识，他们愿意理解他人，有同理心，可以提高团队凝聚力及和谐度。不过，这种沟通风格也不能滥用，否则会让人变得不太理性、情绪失控、

## 第 2 章
### 搭建最适合彼此的对话场景

超越底线或遇事不知所措。不过，如果你的目标是更顺畅地进行人际交往和改善人际关系，那采用这种沟通风格大体上就很合适。

在本章开篇的例子中，甲说的是情绪上的事，是她对事情的感受，她希望乙能感同身受并能理解和"见证"自己的情绪。

然而，乙的沟通风格并不是人本导向型，而是"内容导向型"。采用这种沟通风格的人在倾听时关注的是事实、数据和对话内容，而不是说话方式或说话的人。他们可能会设法确认对方的可信度，而不是表示支持和同情。在他们看来，对话的目的是查明事实或解决问题。

采用内容导向型沟通风格的人常置身事外，比较中立和客观，会探究细节，寻找行为模式或因果关系，试图进行逻辑推理，而非剖析人性。因此，对关系比较亲密的人过度使用这种沟通风格，可能会带来严重后果。内容导向

> **倾听 TIPS**
>
> 采用内容导向型沟通风格的人在倾听时关注的是事实、数据和对话内容，会在意对方的可信度。

型沟通风格比较适用于商务关系等较为正式的人际关系。

由此看来，乙在听甲讲述时，"听到"的只是表面的事实。他没有意识到甲的需求以及对话的动机，反而试图通过"你之前不是说……"这样的语句确定甲所说内容的真实性，然后试图提出解决方法："你应该让老板给你涨工资。"

虽然乙并没有恶意，但他和甲的对话结果却很糟糕，主要原因在于他没有意识到自己的沟通风格不合时宜，从而做出了错误的回应。如果甲和她那位同事讨论问题时，两人都采用内容导向型沟通风格，会有比较理想的效果。

> **倾听 TIPS**
>
> 采用行动导向型沟通风格的人更关心需要做什么、正在做什么及做了什么、是谁做的，他们很注重事情是否清晰明了、切合实际。

巴克提出的另外两种沟通风格分别是"行动导向型"和"时间导向型"，二者之间存在一些重叠。采用行动导向型沟通风格的人更关心需要做什么、正在做什么及做了什么、是谁做的。对他们来说，事情要清晰明了、切合实际。与对方的沟通风格不匹配时，他们可能会不耐烦、控制欲

## 第 2 章
搭建最适合彼此的对话场景

强或轻视对方，常以"那又怎样"来回应对方。领导者和从事高执行力要求工作的人常采用这种沟通风格，因此该风格很容易影响他们的人际关系。

采用时间导向型沟通风格的人可能会将大部分注意力放在时间以及叙述、请求或对话的时间节点上。他们通常专注于时间安排，将对话安排在选定的时间段内并标记时间节点，以便能事先加以控制。在倾听对方讲话时，他们会不断地归纳总结、叙述要点，或以某种方式控制对话时间。采用其他沟通风格的人可能很难适应这种做法，从而导致双方都感到恼火，使得对话偏离正确的方向。

> **倾听 TIPS**
>
> 采用时间导向型沟通风格的人注重时间安排，在倾听时会不断地归纳总结、叙述要点，或以某种方式控制对话时间。

不过，每个人的沟通风格都不是固定的，可以转变，但需要加以练习，惯于采用某种沟通风格的人更要多下功夫。需要强调的是，沟通风格没有好坏之分。善于沟通者很清楚每种沟通风格都可以拿来使用，并且可以根据自己的需求进行切换。重要的是，要了解自己所处的环境及对话双方的需求，然后选择一种对双方来说最合适的沟通风格。

教育心理学家本杰明·布卢姆（Benjamin Bloom）对沟通风格的表述方式略有不同。根据布卢姆的理论，人普遍对以下3种沟通风格各有偏好：用脑思考型（认知）、动手去做型（行为）、用心感受型（情绪）。

用脑思考型的人就像上文提到的采用内容导向型沟通风格的人一样，他们很可能会把产生问题的原因归结为知识缺乏或理解不足。他们会通过理性认知的方式学习新事物及与周围的环境互动。认识到这一点以后，再和这样的人交谈将会很顺利。

> **倾听 TIPS**
>
> 用脑思考型的人倾向于通过理性认知的方式学习新事物及与周围的环境互动。

这样的人可能偏爱以目标为导向的信息性倾听，他们会认真听取事实、细节、论点或数据，就像学生专心听课一样。这种沟通风格很适合用在公司或学校，但不适合用在恋爱关系中，本章开篇提到的甲和乙的例子就是很好的证明。

## 第 2 章
搭建最适合彼此的对话场景

这种倾向还可能有利于批判性倾听，即对信息的真实性、连贯性和价值进行分析和评估。此外，用脑思考型的人也很注重内容，尤其是当他们忘记将对方的情绪和意愿看作相关数据时。比起分析混乱的现实世界，他们可能更喜欢纯粹抽象的理论。他们可能同样害怕处理情绪问题，且对他人的情绪有强烈的控制欲。

例如，医生会专注地倾听患者讲述，但只"过滤"出医疗诊断所需的信息，而忽略患者的情绪。律师可能会倾听客户或同事谈论案件，同时积极尝试找出谈话中遗漏的信息、论证中的缺陷以及存在的有利因素和不利因素。这些人的目标是带着具体的目的去倾听，并尽可能多地收集高质量的信息，把工作做好。

动手去做型的人会先行而后思。更准确地说，他们似乎会边做边思考。对他们来说，直接而真实的体验才是金科玉律。他们凭借自己的心理活动和动手能力与周围环境互动。他们既理智又务实，可能会轻视用脑思考型的

> **倾听 TIPS**
>
> 动手去做型的人更喜欢边做边思考，注重直接而真实的体验，通常比较理智和务实。

带着目的去倾听
HOW TO LISTEN WITH INTENTION

人，认为后者把时间都浪费在思考上，对问题缺乏实际的了解。另外，他们可能也讨厌用心感受型或注重情绪与关系的人，觉得这样的人"柔弱"，缺乏意志和骨气。

例如，某位经理正在听员工讲公司里存在的一些问题。员工可能陈述了大量的周边信息，或许还有一些表达情绪的细节，如"销售部的人都急坏了"，而经理可能只听自己认为重要的信息，如这名员工目前到底做了什么、有没有效果，他可能不太关心员工的观点、想法、担忧或分析。对他来说，付诸行动才是最重要的。

> **倾听 TIPS**
>
> 用心感受型的人注重情绪、关系和事情的整体内容，追求和谐与归属感，会支持、同情和鼓励他人。

用心感受型的人会把情绪、关系和事情的整体内容放在首位，通过自己的直接感受与周围的环境互动，追求和谐与归属感。对他们来说，最重要的是动机、价值、感受和关系等。他们可能会采用欣赏性倾听或共情式倾听，以表达支持或同情，并鼓励对方。这往往正是大多数人想要的反应，这种互动有助于加深双方关系，使得双方可以畅所欲言。这

## 第 2 章
### 搭建最适合彼此的对话场景

种沟通风格正是本书要重点探讨的。

例如,一个人在倾听朋友讲话时,可能只是单纯地听,也许偶尔会问个问题或给出简单的支持型回应。人们普遍认为,问对方"你对此有何感受"这种老套的问题不好,但实际上,所有优秀的心理医生、心理咨询师、护理人员等,他们在对话中经常会问这种问题,他们想知道对方的感受。此时,从某种程度上来说,细节是次要的。

用心感受型的人容易获得宝贵的人际交往技能。虽然以心为本的人未必都具有优秀的共情式倾听能力,但一个人如果不上心,就无法在个人和人性层面与人进行深入的沟通。

共情式倾听指的是,在听的过程中不评判对方、不打断对方、不纠正对方,而是单纯地倾听和理解对方。在理想情况下,本书开头提到的那位心理咨询师应该使用共情式倾听,而不是想当然地认为自己很清楚来访者说的话。以心为本的人可能觉得强调智力

> **倾听 TIPS**
>
> 以心为本的人很在乎自己及他人的情绪,智力并不是他们最看重的。

很冷酷,甚至没有人性,他们会提防那些忽视自己或他人情绪的人。

当然,以上这些将人的沟通风格分门别类的做法可以说是一种用脑思考型行为,它并不是为了提出有关沟通的明确规则,而是为了提出有助于人们更有效地处理与他人间关系的模式。

通常,熟悉并精通用心感受型沟通风格的人都善于沟通。虽然我们的目标是了解各种沟通风格,并根据需要进行适当调整,但可能需要重点从情感和情绪的角度着手。

## 找到彼此匹配的对话框架

"对话框架"与沟通风格和独特的对话视角密切相关。从上文可以看出,沟通风格与语境,即对话的对象、原因和背景也有很大关系。例如,对方有什么需求?你平常采用哪种沟通风格?如何通过转换对话框架来进行更好的沟通?在与他人沟通时,你至少应该在心里过一遍这些问题。

## 第2章
## 搭建最适合彼此的对话场景

在本章开篇提到的例子中,甲和乙的沟通不畅与其说是两人的个性与沟通风格不同导致的,不如说是对话框架差异导致的:甲希望得到同情,乙则试图提供意见和建议。

在某种程度上,对话框架差异可以解释很多人际冲突形成的原因。如果你善于发现这些差异,就知道如何消除误解。

那么,什么是对话框架呢?对话框架其实与立场类似,但并不是某一个人的立场,而是两个及以上的人进行对话的临时"平台"。

对话框架多种多样,如维护权力动态(power dynamic)、解决问题、相互认可、交换信息、抱怨、闲聊、消除误解、进行指导或分享知识等。对话框架是双方进行对话的背景,是双方心照不宣的目标。正确理解对话框架对人际交往的影响,有助于改善人们的倾听能力和对话能力。

不过,即便双方的对话框架相同,也可能会产生冲突,如当两人的对话框架都是斗争型或竞争型时。通常,对话框架相匹配有助于双方相互理解,而对话框架不匹配则可能会导致双方沟通失败。比如以下几个例子:

- 某位女士想要向店员求助，但店员更想与她调情；
- 某人拨打了某公司客服中心的技术支持热线，却没有意识到对方并不想听他表达对公司或产品的不满；
- 某人在周末休息时想要和朋友愉快地闲聊，但对方却很扫兴，想要来一场深刻的哲学对话；
- 某人开了个玩笑，另一个人听到后决定加以"纠正"，根本没听明白开玩笑的人的意图和语气；
- 某人对上司不满，找另一个人宣泄了一番，对方听完后却立即"出谋划策"，教他如何通过消极抵抗来对付上司。

通过以上这些例子，你应该能懂得对话框架的重要性。

> **倾听 TIPS**
>
> 要先确认双方的对话框架是否匹配，如果不匹配就要大致确定各自的对话目标。

对许多人来说，根据具体情况选用所需的对话框架，可以做到以下两点：第一，接受对方不是在寻求解决办法的事实；第二，认真倾听并让对方感受到自己在倾听。

对话框架不匹配即对话目标存在差异，这种差异可能导

## 第 2 章
### 搭建最适合彼此的对话场景

致双方的需求得不到满足或目标无法实现。当然，对话框架不匹配时，也可能出现单方需求得到满足的情况，但通常来说，只有对话框架匹配时，双方的需求才都能迅速得到满足。

如果双方的对话框架不匹配，该怎么办呢？首先，要发现这种不匹配的存在。例如，在与他人对话时，你可能会感到尴尬、不自然或沮丧；如果你是用心感受型的倾听者，也可能发现对方产生了同样的感觉。此时，你们之间的对话肯定出问题了。对话框架不匹配时，双方的对话听上去常会让人觉得双方好像在兜圈子，困惑有增无减，还可能会让人感到无聊。

接下来，双方要大致确定各自的对话目标。双方目标一致时，对话框架不匹配的情况就会消失。这时，对方可能会换成你的对话框架，或你换成对方的对话框架，抑或双方都换成相同的新对话框架。当然，双方也可以继续采用不同的对话框架，但前提是双方要有相同的目标。在互动时，参考外部权威的意见或标准会有所帮助：既然双方各执己见，那就参考指导手册吧！

不过，双方的对话目标可能区别很大。例如，对方的目标可能是迫使你听他吹嘘他有多么厉害，而你的目标只是想好好放松一下。这时候你会怎么做呢？对话自恋者、迫使对方听自己说话的人、正在生气的人、满腹牢骚的人或想要抱怨琐事的人，可能都不想改变自己的对话框架，而你在面对这些人时可能也不想改变。

> **倾听 TIPS**
>
> 发现对方的对话框架不可取时要及早指出来，如果对方不听，那你就可以适时退出谈话了。

此时，明智的做法是认识到并非所有的对话都是可取的，有时最佳选择就是终止对话或推迟对话。当你发现对方的对话框架不合适之后，如果你认为向对方指出来会有用，那你就指出来；但如果对方执意采用有害无益的对话框架，那你随时可以终止对话。

掌握了对话框架的使用技巧，你不仅可以在社交场合做到游刃有余，还可以更全面地了解自己的沟通风格。你通常采用哪种对话框架？为什么？这种对话框架适合你的人生目标吗？你遇到过沟通不畅的情况吗？如果有，是什么原因造成的？有改善方法吗？另外，思考对方使用的对话框架，也有助于你分析和了解对方。

在与他人交流时，善于倾听的人会采取积极实践的方式，他们会思考所用方法的有效性，而不仅仅是无意识地做出习惯性行为。方法其实很简单，只需确认双方的目标是否一致，避免只用某一种对话框架或沟通风格。

对方想从互动、活动、对话、聊天或宣泄中得到什么？问自己这个问题看似不难，但很少有人这么做。问自己这个问题很麻烦吗？可能的确有点麻烦，但实际上，这其实是要我们从对话中抽离出来，先考虑对方的需求。不过，把自己放在首位已成为大多数人根深蒂固的习惯，要想改掉它，的确需要很大的耐心。

## 5 个倾听层次

上文探讨了多种沟通风格和对话框架，接下来要讨论的是倾听的不同层次以及有效地进行深度倾听的方式。与沟通风格和对话框架不同的是，某些倾听层次并没有特别的用处，它们只是为了说明注意力的转移情况和集中程度。

## 带着目的去倾听
HOW TO LISTEN WITH INTENTION

从听而不闻到全神贯注地听，倾听可以分为 5 个层次。在生活中，我们大多数时间都处于前 4 个层次中的某一个层次，而在某种程度上，这 4 个层次均体现了利己主义。换句话说，在这 4 个层次中，我们有时并没有认真听对方讲话，即便听了，也是按照自己的标准解读对方说的话。许多人最高只能达到第 4 层，而且即使如此，其内心可能也存在欺骗性。

第 5 个层次是倾听的最高境界，也是最重要的一层，我们都应该为之努力。但事实上，有些人再怎么努力也无法达到这一层。倾听的第 5 层要求人们全神贯注地倾听对方说的话，因此，很少有人能做到这一点，即便做到了，也很难维持。不过，为了促进人际关系中的沟通，我们必须努力达到这一最高境界。

倾听的 5 个层次从低到高依次如下：

- 听而不闻
- 假装倾听
- 选择性倾听
- 专注倾听
- 共情式倾听

# 第2章
搭建最适合彼此的对话场景

接下来,我们一一来进行分析。

## 听而不闻

顾名思义,听而不闻就是根本不听,就像用双手捂住耳朵一样。此时,听的人可能是分神了或在忙其他事情,也可能完全不在乎,无论哪种情况,都会直接导致对方感到挫败。如下面这种情形:

> 妻子:儿子真让人担心。他一直在上网,都不怎么和现实中的人交流了。
>
> 丈夫:(无任何回应)
>
> 妻子:他好像不愿意和现实中的人交往,这让我很不放心。
>
> 丈夫:(无任何回应)
>
> 妻子:喂,你在听吗?
>
> 丈夫:(无任何回应)
>
> 妻子:还有,他刚刚把面包车开到沟里去了,

还在客厅乱扔东西。

丈夫：（无任何回应）

妻子：你到底有没有听我说话？

丈夫：嘿，看，那儿有只松鼠！

听而不闻是最差的一种沟通方式。在刚才的对话中，丈夫对妻子说的话完全不感兴趣，除非有东西激起了他的兴趣，否则他一句话都不说。

碰到这样的人，双方的沟通必须尽快结束。但也要记住，有些人并非听而不闻，而是听不明白，所以说话的人要尽量说清楚。

## 假装倾听

假装倾听在面对面沟通中最常见，一方只是看起来像在认真听，但实际上并没有完全关注对方说的话。假装倾听时，我们的眼神可能会有些飘忽不定，似乎有些心不在焉，只给出很少的暗示，让对方觉得我们全都听进去了。但事实上，

# 第 2 章
## 搭建最适合彼此的对话场景

我们只是在敷衍。这无关乎沟通风格或对话框架,除非我们的对话框架是为了安抚对方而逢场作戏。比如以下这种情形:

> 妻子:前几天我和妹妹聊了聊。妹夫最近一直加班,弄得妹妹都开始怀疑他了。
>
> 丈夫:嗯。
>
> 妻子:我知道妹妹可能是想多了,可妹夫怎么那么忙呢?一星期有 4 天都不回家吃晚饭。
>
> 丈夫:是啊。
>
> 妻子:妹妹会怀疑也正常吧?
>
> 丈夫:对。等等,你说什么?
>
> 妻子:你到底有没有听我说话?
>
> 丈夫:嗯……快看,那只松鼠又来了。

假装倾听的人只是在敷衍对方,让对方认为他在听,以免显得没礼貌。其实,他满脑子想的依然是自己关心的事情。对方在向他讲述自己的真实想法或担忧,而他给予对方的关注却非常少,这可能会让对方感到挫败。与听而不闻相比,假装倾听虽然有所"进步",但也并不理想。

## 选择性倾听

选择性倾听的人会真正关注对方,但并不会完全关注。在进行选择性倾听时,只要对方说的事情是倾听者赞同或有共鸣的,他才会认真倾听。如果对方改变对话方向,提出了倾听者不认可的观点,他就会假装倾听或听而不闻。面对自己抵触的情绪、不关心的事情或不赞同的说法,倾听者可能都会给出如下反应:一开始好像很投入、很关心,但到了某个点,他会退回到自我专注的世界里。比如以下这种情形:

> 妻子:我真是受够了。关于冰箱里的东西,我都说了好几个星期了,"写着名字的不要乱碰"。
>
> 丈夫:是不该乱碰。还有人偷吃你的东西啊?
>
> 妻子:嗯,有人吃了我的沙拉酱。
>
> 丈夫:这可不太好。

妻子：我知道，他们觉得沙拉酱不算食物，是调味品，就跟芥末和番茄酱一样。

丈夫：这种想法倒是可以理解。只是番茄酱或芥末每次就用一点，沙拉酱用得比较多而已。

妻子：再说了，就算是番茄酱，上面写着我的名字，也不能乱碰啊！要是想让别人用，我会说的。

丈夫：只是番茄酱而已。

妻子：那又怎样？只要上面写着我的名字，别人就不能乱用。快餐店里不是有番茄酱包吗？如果真的很需要，可以去那儿拿，别用我的。

丈夫：（无任何回应）

妻子：有的人就是这样，典型的不尊重人！他们认为番茄酱就该随便用！我不管！我已经声明是我的了，要是想用的话，必须先征得我的同意！知道吧？

丈夫：（无任何回应）

## 带着目的去倾听
HOW TO LISTEN WITH INTENTION

妻子：给点儿反应啊！

丈夫：啊，抱歉。我在看电视里的松鼠。

很多人可能会认为，以上这段对话中，妻子提到的情况属于微不足道的琐碎问题，但她的确很生气，这件事一直在重复发生，快把她逼疯了。不过，值得为这种事发牢骚吗？

我们可能不赞同这位妻子如此看重她对食物的所有权，但她因为别人偷吃她放在冰箱里的东西而感到生气，这并没有错。这是她的感受，也是她的权利。

丈夫和妻子在某一点上意见一致，却不赞同妻子后来说的话：无论如何，冰箱里的沙拉酱和番茄酱不能等同视之。丈夫认为妻子将沙拉酱等同于番茄酱的这种观点很荒谬，所以就不听她说了。

我们可能同意这位丈夫的说法，不同意他妻子的说法。但不可否认的是，当对话转到自己不喜欢的方向时，丈夫又回到了倾听的第1个层次，对妻子的话听而不闻：他干脆"退出",完全不听妻子说的话了。

这就是选择性倾听:当对话符合我们的意愿和价值观时,一切都没问题;但当我们听到自己觉得不对的内容时,就会退出。无论话题是番茄酱、世界政治、家庭事务还是其他,选择性倾听都是一种不完美的沟通方式,会让对方误认为我们在认真听。所以,有些人认为选择性倾听甚至比听而不闻还糟糕。

## 专注倾听

专注倾听很不错,虽然还不完美。专注倾听时,我们会把全部注意力放在对方身上,倾听对方讲的每个细节。我们不会分心,不会选择性地听对方讲话,也不会转移话题。

不过,专注倾听时,我们会在心里进行分析和评判,这就是它的不完美之处,即我们没有做到全神贯注地倾听。在对方说话时,我们会像辩手一样,拿对方的说法与自己的观点进行比较,看自己是否同意他的说法。

在双向对话中,双方要进行平等的交流,这么做完全没

问题。不过,由于我们仍然在根据自己的理性和逻辑评估对方,因此无法做到纯粹地倾听。比如以下这种情形:

> 妻子:我妈要开网店了。
>
> 丈夫:卖什么呀?
>
> 妻子:卖她自制的手工艺品。她觉得自己能搞定。但我不太放心,我觉得她可能还没搞清楚。
>
> 丈夫:你为什么不放心呢?
>
> 妻子:她从来没做过跟网页管理或编程沾边儿的事情,好像也不认识做过这些事情的人。她都快70岁了,我担心她低估了开网店的难度。
>
> 丈夫:嗯,可以让她上些网课,有些网课是从头教人开网店的,而且价格不贵,很多人都上过。
>
> 妻子:嗯,我让她看看。

乍一看,上面这段对话进行得很顺畅,对话双方没有发生争执,丈夫没有对妻子进行否定或漠然以对,也没有关注其他事情。丈夫密切关注妻子说的话,同时引导妻子,让她

第 2 章
搭建最适合彼此的对话场景

可以放心地吐露内心的感受。这些都很好。

问题在于，丈夫在听到妻子的疑虑之后，建议妻子的妈妈去上网课，这个建议是他从自己的角度提出来的。他可能想到了自己的经验，并做出了判断，产生了看法，继而发表了与话题相关的评论，但他并没有就妻子的想法或感受给出反馈。

这样做很不好吗？当然不是不好。也许他们俩一直都是这样交流的。他们可能并不反感向对方倾诉并听取对方的建议，甚至可能会欣然接受。但是，妻子也有可能会把丈夫的建议当作一种对自己的否定。她正在表达情绪，可能还没有说完，丈夫就提出了自己的建议，她可能会因此认为丈夫想用这种方式来结束对话。

> **倾听 TIPS**
>
> 专注倾听时的有些回应会有否定对方的意味，因此在沟通前就要意识到这一点并多加思考和衡量。

专注倾听通常是很好的，至于合不合适，完全取决于双方关系的亲疏和稳定程度以及沟通边界。在刚才那段对话中，丈夫的回应并没有错。其实，在沟通过程中，双方不必小心翼翼地字斟句酌，只需在沟通前意识到有些回应可能是在否定对方，并加以思考和衡量即可。

## 共情式倾听

> **倾听 TIPS**
>
> 进行共情式倾听的人会全神贯注于对方，会专注地倾听对方并设身处地地为之着想。

共情式倾听是倾听最高且最理想的层次，与听而不闻截然相反。

进行共情式倾听时，我们会把所有的注意力都放在对方身上，不只是专注地倾听他说的话，同时也会设身处地为他着想。我们并不推测自己若遇到与对方相同的情况会有哪些行为或感受，而是努力理解对方的处境。

进行共情式倾听时，即便我们以前讨论过对方说的事情，我们的反应也会像是第一次听到一样，将其当作新信息予以特别对待，并避免掺入自己的判断、价值观、观点或理念。这一点很难做到，需要自律才行。共情式倾听对双方来

说都是最有益的,比如以下这种情形:

甲:我知道我们以前谈过这件事,但克里斯真的让我很心烦。过去这几个星期,他一直都不太好相处,我不知道该怎么办。

乙:怎么了?

甲:他对我很冷漠,而且和我疏远了。他经常很晚才回家,偶尔回来早了,也是把自己关在书房里。

乙:你肯定非常孤独吧?

甲:是啊!而且,我觉得自己被冷落了。我和他在一起7年了,他突然变了。我有点蒙,不知道到底是怎么回事,我不知道他是有事瞒着我,还是夫妻相处久了都会这样。

乙:这么不清不楚的,你肯定很难受吧?

甲:嗯,是挺难受的。要是他能跟我说清楚就好了。我现在也不知道怎么办,再看吧。

## 带着目的去倾听
HOW TO LISTEN WITH INTENTION

在以上这段对话中,乙完全把自己抽离了出来:他先是引导甲向他倾诉,然后试着想象甲的情绪和心理状态,避免将话题转移到自己身上。他回复的是"你肯定非常孤独吧",而不是"我要是你的话,肯定会非常孤独"。这两句话的意思虽然差别不大,但前一句话强调了甲才是这段对话谈论的对象,乙把全部注意力都集中在甲身上。

然后,乙又试着站在甲的立场去理解甲:"这么不清不楚的,你肯定很难受吧?"这表明乙是真的想要理解甲正在经历的事情。这一点与专注倾听有所不同。专注倾听的人是将对方说的话与自己的经验和判断进行比较。而在刚刚的对话中,乙是在猜测,不是陈述;他说话的主语是"你"(甲),不是"我"(乙)。这样一来,甲就知道自己得到了充分的关注和理解。这才是积极有效的沟通。

# 第 2 章
## 搭建最适合彼此的对话场景

### 向上社交提升指南

为什么沟通中存在如此多的冲突？

沟通中的冲突往往并非来自内容，而是双方的沟通风格、对话框架不匹配，或者倾听层次过低，解决这些问题才能真正提高倾听效果、顺畅沟通。

- 沟通风格是个体本能的行为方式。拉里·巴克提出的沟通风格有 4 种：注重情绪的人本导向型、注重信息的内容导向型、注重行动的行动导向型、注重时间安排的时间导向型；本杰明·布卢姆提出的沟通风格有 3 种：注重思考和计划的用脑思考型、注重行动的动手去做型、注重对方情绪的用心感受型。

- 对话框架是双方进行对话的背景或目标，包括维护权力动态、解决问题、相互认可、交换信息、抱怨、闲聊、消除误解、提供指导、分享知识等。

- 倾听有 5 个层次：听而不闻、假装倾听、选择

带着目的去倾听
HOW TO LISTEN WITH INTENTION

性倾听、专注倾听、共情式倾听。前两个倾听层次都没有太大的作用，只有达到最高层次的共情式倾听，我们才会把自己抽离出来，为听而听，而不是为了回应而听。

# HOW TO
# LISTEN
## WITH INTENTION

第 3 章

# 用反馈激活高质量倾听

用自己的话复述对方的话,从对方的立场回应,但不要给出与当前情境无关的建议或想法。

HOW TO LISTEN WITH INTENTION

# 第3章
## 用反馈激活高质量倾听

## 如何进行有效对话

某家咖啡店里,许久没有联系的一对朋友正在"叙旧",谈论着各自的近况。

泰勒:我跟他说过好几次了,可他就是不明白。

克里斯汀:嗯,什么意思?你想让他明白什么?

泰勒:就是……有人说,女人在知道自己怀孕那一刻就成了母亲,但男人只有在孩子出生后才会成为父亲。我也有同感,他的心态好像还没有转变过来。

## 带着目的去倾听
HOW TO LISTEN WITH INTENTION

克里斯汀：他和你不同步？

泰勒：对。我觉得这一切对他来说还很抽象，他好像还没有回过味来。这一点我可以理解，但是……我也不知道该怎么说。

克里斯汀：哦，我明白了。你可以理解他，但还有其他问题。

泰勒：是的。我可能是有点失望吧。也许我只是怕这一切全都要我自己来承担。我们当初说好要共同分担的，结果却变成了我一个人的事。这明明是两个人的事。

克里斯汀：你觉得这是你们两个人的事。

泰勒：是的。可我和他说的时候，感觉并不是这样的。就好像我怀孕了，他只是个旁观者。我不想说他的坏话……

克里斯汀：没事！这种事本来就不好说。

泰勒：我还能说什么呢？你知道吗，我心里就是觉得他可能会离开我。到头来，这成了我一个人

## 第 3 章
用反馈激活高质量倾听

的事。你明白吗?

克里斯汀:哦,明白。你是担心他会离开你,对吧?

在上面的对话中,泰勒和克里斯汀两人你一句我一句,但泰勒明显在讲述,在表达自己的感受,而克里斯汀明显在积极倾听。你会发现,倾听者克里斯汀或多或少在重复讲述者泰勒说的话,她有时重新措辞进行表述,有时提出问题,有时给予鼓励和支持。

实际上,克里斯汀说的话并不多,却促使泰勒产生了很多回应,使她愿意详细讲述自己的感受,从而得到慰藉和情感上的满足。而且,泰勒能真正感觉到克里斯汀在认真倾听。我们在倾听时也应达到这样的效果,而不仅仅是保持沉默。

在以上这段对话中,泰勒很可能会感觉自己得到了良好的倾听和支持。克里斯汀倾注了自己全部的注意力,她不仅仅是在听,而且深入理解了泰勒说的话,包括相关事件和情绪。不过,克里斯汀并没有插入自己的想法,而是巧妙地就自己听到的内容给出反馈和总结。此外,她也没有鹦鹉学舌般地逐字重复泰勒说的话,偶尔会"测试"自己的理解:"你是担心他会离开你,对吧?"

这清楚地表明,克里斯汀在对话中的目标是深入理解泰勒。事实上,她简直就是在提示和引导泰勒,积极地帮泰勒表达自己的观点。这样的对话通常会带来更深层次的见解和理解,让对方感觉自己得到了理解和共情,就像积极地解决问题一样。如果你觉得自己把所有的注意力都放在了对方身上,而对方却感觉不到,那么一切都是徒劳。

> **倾听 TIPS**
>
> 进行有效对话的主要目标是与对方建立有意义的联系、相互陪伴,共同解决问题和寻找生活乐趣。

有效对话会将双方的关系拉近。两个善于对话的人会轮流进行积极倾听。双方进行对话的目的不是寻求自我价值或寻求关注,也不是进行争论或进行琐碎的闲聊,而是与对方建立有意义的联系,享受对方的陪伴、解决问题以及挖掘生活中有趣的话题。

# 第 3 章
## 用反馈激活高质量倾听

## 倾听不等于消极被动

著名心理学家卡尔·罗杰斯（Carl Rogers）曾对这种方法进行了深入探索。他认为，在心理治疗过程中，"无条件积极关注"以及积极倾听、共情和反馈是真正的有效对话的关键。毕竟，心理治疗归根结底就是一种对话。

而且，倾听不等于消极被动。许多人都不愿意倾听，因为他们不想让出"舞台"，不想成为耐着性子等待出场机会的无聊配角。但是，只有双方都有意识地积极参与，对话才能顺利进行。因此，不应该认为讲话比倾听更有趣、更积极，因为事实远非如此。再次强调：成为焦点和与他人沟通是截然不同的目标。

> **倾听 TIPS**
>
> 善于倾听的人既享受自己讲述的过程，也享受听他人讲述的过程，而且很满足于让对方敞开心扉地表达真情实感。

与不善于倾听的人不同的是，善于倾听的人知道倾听他人讲述和自己讲述同样令人愉快，他们也知道，倾听他人讲述有时甚至比自己讲述还要令人愉快。与自己讲述相比，让对方敞开心扉表达真情实感带来的满足感只多不少。在这个过程中，我们不一定是安静地坐着或适时点头，事实上，只要能给出正确的回应，我们也可以像猜谜一样积极回应。这就是积极倾听。

## 什么是积极倾听

前一章提到倾听的 5 个层次，那么，我们如何才能达到最高层次呢？其实，就像阅读和写作需要练习一样，积极倾听同样需要练习。

积极倾听是建立人际关系最强大的技能之一。进行积极倾听时，你会尊重和关注对方的观点，这样一来，你在处理难以理解的复杂信息时会容易很多，这种效果是消极倾听达不到的。同时，你和对方的沟通过程也会变得轻松起来：积极倾听可以帮助你了解对方的需求，这样你在给出回应时就可以很坦诚，不必过于谨慎。

最重要的是，积极倾听的状态可以清晰明确地表明你在

# 第 3 章
## 用反馈激活高质量倾听

认真理解对方说的话，让对方知道你没有分心。但要做到积极倾听，你必须抛开自我，这样才能真正理解对方说的话。

我们之所以称之为"积极"倾听，原因在于这个过程涉及大脑的很多区域，这使得我们会积极地设法理解对方传达的内容。

优秀的心理咨询师都善于积极倾听，他们会带着明确的目的倾听来访者说的话。如果他们听到不太明确的内容，他们会鼓励来访者慢慢地把事情说清楚。

他们会重述来访者说的话，并要求对方进行详细的解释。而且，他们会通过凝视、容易理解的肢体语言和共情来安抚来访者，让来访者感到平静和安全。心理咨询师有一个非常明确的目标，那就是仔细倾听来访者说的话，他们给出的每个回应都是基于这个目标。

那么，我们在倾听他人讲话时，如何才能做到这一点呢？

实际上，积极倾听包括几种基本的反应和询问方式，我们几乎可以随时使用。这些反应和询问方式都是为了让对方感觉到我们和他是共情的。毕竟，如果我们只是心里想想，而没有传达给对方，那还有什么意义呢？

接下来，我们来具体探讨积极倾听的几种反应和询问方式。

## 如何积极倾听

**理解**

积极倾听的第一步就是先理解对方说的话。如果对方和我们说的是同一种语言，我们很自然地就能听懂。但也可能存在其他问题，比如对方可能会说很多我们不熟悉的行话或俚语，又或者双方存在代沟、社会地位差异，抑或对方说的内容涉及我们不太了解的文化。解决这些问题的重点在于，要确保和对方共情，这样才能了解对方的需求和意愿。

如果没有听懂对方说的话，最好问一句："你能详细地和我解释一下吗？"但如果你提到了相对复杂的情况，就要使用对方熟悉的词,耐心细致地向他提问。有时,对方可能会担心自己显得高高在上、傲慢无礼。对此,你可以让他把你当作一个门外汉,这样他就会感到轻松。

也可以使用以下表述来让对方解释他说过的话:

- 怎么了?
- 跟我说说。
- 什么意思?
- 再给我讲讲。
- 我没听明白,你可以再说清楚一点吗?

## 记忆

记忆不仅是记住对方说了什么,还要听出对方想说什么,这样我们才能给出合适的回应。因此,不能只认识事情的表面,而要对其进行全面的了解。我们的目标是尽可能设身处地地为对方着想。要想做到这一点,提问是必不可少的。

在听对方讲述时,我们往往只记住那些让我们印象深刻的细节,或以我们最习惯的方式记忆信息。也就是说,我们只是在以自己的视角看问题,这对改善倾听能力没有太大的用处。

例如,有人和你讲他的约会情形以后,你可能会记住约会的具体细节,如他和对方去了哪家餐厅、看了哪部电影、穿了什么样的衣服等;也可能会记住一些关于约会的整体描述,如约会对象的性格如何、对方给人的感觉如何等。

在对话中,我们通常会寻找机会发表意见,这很正常,但并不利于积极倾听。为了准确地记住对方说的话,我们必须放下自我,把注意力完全集中在对方身上。

为了记住对方的相关信息,可以提以下这些问题:

- 这对你来说重要吗?
- 我想问一下,后来发生了什么?
- 等等,她是怎么做的?
- 那和这件事有什么关系?
- 你有什么感觉?
- 你有什么反应?

# 第3章
## 用反馈激活高质量倾听

## 回应

**倾听 TIPS**

回应对方时要放下自我,摒除自己的想法,不带偏见地了解对方的感受和观点。

积极倾听时,需要给予对方适当的会意性回应,否则,对方可能会觉得自己在对牛弹琴。前文已经强调过多次,即倾听绝不是消极被动的。有效回应可以让对方知道我们在关注他。

在倾听、理解和记忆的基础上给出良好的回应,对方就会知道我们完全理解了他说的话,听出了他的言外之意。而在对话中,假如因为我们没有给出暗示,对方不确定我们是否能理解他说的话,他也许就会认为我们没有倾听。所以说,回应是必不可少的。

和记忆对方说的话时需要放下自我一样,给出回应时也需要放下自我,不要掺入自己的想法。要抛开自己的偏见,了解对方的感受和观点。比如以下情形:

甲:这就是我不喜欢参加晚宴的原因。

乙:真是疯了!那个怪人从蛋糕里跳出来的时

## 带着目的去倾听
HOW TO LISTEN WITH INTENTION

候,你是不是慌了?

甲:与其说是慌了,不如说是失望。没想到他们这么幼稚。

乙:你当时肯定很不耐烦吧?

甲:确实有点。但最重要的是,我以后真得少参加宴会了。

积极倾听时,应该就对方说的话给出回应,并对对方的想法和感受表现出浓厚的兴趣。与表达自己的意见和观点相比,良好的回应更有助于双方相互理解。

> **倾听 TIPS**
>
> 用自己的话复述对方的话,并站在对方的立场进行回应,但不要给出与当前情境无关的建议或想法。

另外,在给出良好的回应时,试着回应对方的想法和感受。我们可以用自己的话复述对方的话,同时还要站在对方的立场进行回应,但不要给出与当前情境无关的建议或想法,否则会让对方不快或分心。如果没有完全理解对方传达的信息,就不要提出会造成双方矛盾或冲突的观点。即便完全理解了对方传达的信息,也不要做出态度强势的评判。

积极倾听时,可以给出以下积极回应:

- 我对你说的事很感兴趣。
- 这听起来像是……
- 我能理解你的感受。
- 你是不是觉得必须有所改变?你想要什么样的改变呢?
- 这是不是让你感到……

积极倾听的整体目标是充分理解对方的观点或生活经历,并以一种有意义的方式吸收这些信息,从而更理解对方。要达到积极倾听的目标,可以使用以下技巧。

## 重述

用自己的话解释对方的情绪,这样可以促进理解。不过,不要只是简单地复述对方说的话,而要换一种表述,表明我们已经理解了对方想要表达的意思。要让对方知道我们在倾听，还要和他站在同一立场。如果我们理解错了，对方十有八九会纠正我们。

> 甲：我当时既迷茫又害怕。
>
> 乙：当时一定很危险，任何人都会不知所措。

## 反馈

反馈也可以算是一种复述方式，即针对对方的情绪而不是事件或故事来应答。反馈可以让对方知道我们对他所讲的事情有了更深的理解。我们可以直接说出或询问对方的情绪如何，如：

> 甲：我爸说他早就知道我进不了那所大学。
>
> 乙：这也太伤人了吧！简直就是一种残酷的否定。

## 总结

试着口头上就对方讲的细节进行归纳和概括，让对方知道你对整件事情的理解情况。总结与重述相似，不同点在于，

# 第 3 章
## 用反馈激活高质量倾听

总结需要进行比较广泛的概述；共同点则在于，两者都能被我们用来检验自己的理解是否正确。有时候，在总结时，我们很可能会发现，自己陈述了许多观点和论据，却忽视了对方的情绪、行为或目的，这是我们使用"总结"这个方法时需要注意的。比如：

> 朋友：也就是说，蛋糕店弄错了订单，把你的生日派对搞砸了。你本来是昨天的生日，他们却弄成了今天。天啊，换作是我的生日派对，我肯定会气炸的！

## 给情绪贴标签

对方在讲述时通常会注意倾听者能否理解自己的感受。因此，我们要尽可能地保持敏锐，听出对方尚未明确表达出来的情绪。做到这一点并不难，只需陈述一种积极或消极的感受即可。如果我们能准确地描述出对方的情绪，对方会觉得我们和他心灵相通。比如：

> **倾听 TIPS**
>
> 尽可能地保持敏锐，觉察对方未表明的情绪并准确说出来。

甲：后来，老板为忽视我的贡献道歉了，他还说以后会多加注意。

乙：哇，总算是"平反"了，你应该很欣慰吧？是不是还有点得意？

## 引导性提问

> **倾听 TIPS**
>
> 追问时不要咄咄逼人，要通过引导性提问进行更深层的交流，并试着询问对方的感受、反应和意愿。

追问对方时，不要像审讯一样咄咄逼人，而应该通过引导性提问进行更深层的交流。大多数人都喜欢回答得体的问题，不喜欢回答太过冒昧的问题。因此追问对方时，可以试着询问对方的感受、反应和意愿。这种询问可以让对方知道我们非常投入，想要和他一起得出结论，且一直在跟着他的思路走；我们不仅在听他讲话，还被他的情绪感染了。比如：

你：在超市里，你看到那个女人斥责你的孩子，你有什么感觉？你心里是怎么想的？

# 第 3 章
用反馈激活高质量倾听

## 沉默

通常,恰当的沉默比多余的废话更有意义。对话双方可以在沉默期间冷静下来,整理自己的思路。此外,沉默还有助于缓解激烈的互动或徒劳的互动引起的紧张感。比如:

甲:就是在那个时候,我发现自己很不适合跳伞。

乙:(沉默)

除了以上几点,还有两种情况需要注意。

一是避免说教、乱提建议或假装安慰。谁都不喜欢低人一等。因此在沟通中,如果我们摆出一副高高在上的样子,对方可能就不想谈下去了。比如以下这种情形:

甲:太过分了!他老是忘记把马桶座圈放下来。

乙:(说教)你一开始就不该让他用你的卫生间。

乙:(乱提建议)你应该把卫生间锁起来,直到他答应你的要求为止。

乙:(假装安慰)别担心!说不定以后他就记住了。

> **倾听 TIPS**
>
> 可以就对方的经历提引导性的开放式问题,但不要问是非题。

二是提问要适当。为了让对方知道我们对他的事情感兴趣,我们可以就对方的经历提一些引导性的开放式问题,但不要问是非题。要让对方知道我们愿意听他讲述,而不仅仅是关心相关数据或事实。比如:

甲:在花了几百美元之后,我才发现,我可能得在平行停车方面多下点功夫。

乙:你感觉如何?有什么学习计划吗?打算去哪儿学?有什么目标吗?

事实上,即使对善于倾听的人来说,积极倾听也是一种挑战,需要下功夫耐心练习。不过,这都是值得的,因为积

# 第 3 章
## 用反馈激活高质量倾听

极倾听可以在对话双方之间营造一种真正相互理解的氛围，有助于信息流动，还能促进双方相互尊重。我们要做的是，有意识地注意对方的情绪并适当地抑制自己情绪，最终形成共情式反馈。

## 共情式反馈

进行对话时，共情就是与对方感同身受并将其表现出来，倾听的同时又参与到对话中。要不断地默默问自己：对方在说什么？他是怎么说的？他为什么要这么说？如果对方说得不合理或不合逻辑，并不是因为他不讲道理或没有逻辑，很可能是因为我们没有跟上他的思路。对于共情，有些人天生擅长，有些人则不然。不过，我们可以通过以下回应方式进行练习：

- 我可以理解。
- 嗯，可以再说说吗？你那么说是什么意思？
- 事情是不是这样的，我理解对了吗？
- 嗯，我明白了。

- 你接着说。
- 你是不是觉得……
- 我对你之前说的事情很好奇。
- 哇,做得好!
- 你当时为什么……
- 后来呢?
- 你是说……

需要注意的是,如果对方是对话自恋者,只要稍有机会,他就会彻底利用我们的积极倾听来争取关注。对此,我们可以不加干涉并尽力去听,然后找机会优雅地退出,因为就算我们再乐于配合,也无法与霸占说话时间的人成功对话。

**倾听 TIPS**

遇到对话自恋者,可以尽力去听他说,然后找机会优雅地退出。

此时,我们可以一笑置之,继续练习共情式倾听。遇到同样乐于配合的人时,我们就会感觉对方像久别重逢的知心朋友。

接下来,我们再来讨论本章开篇提到的对话。如果倾听者克里斯汀是个不善于对话的人,又会是什么样的情形?

## 第 3 章
用反馈激活高质量倾听

泰勒：我跟他说过很多次了，可他就是不明白。

克里斯汀：（沉默不语）

泰勒：唉，我也不知道该怎么说。也许我不该抱怨。

克里斯汀：（漫不经心地点点头，迅速瞥了眼手机屏幕）

泰勒：算了，不说我了。你和迈克怎么样？

克里斯汀：（兴奋地说）哦，我们很好，前两天还一起去听了一场很棒的音乐会，我跟你说过吗？当时……

接下来，最初的讲述者泰勒会拼命地"插话"，两人很可能会围绕音乐会展开很长时间的无聊闲谈。原本泰勒和克里斯汀可以亲密沟通、共同受益，结果却进行了一场双人演讲，两人开始轮流讲自己的事。

在类似的情况下，如果你觉得某人很无聊，可能是因为你这个人和你说的话让对方感到无聊,所以他无法对你表现出任何好奇或兴趣。

> **倾听 TIPS**
>
> 提升对话技巧的关键是多给对方说话的机会,倾听对方讲述他自己的事情。

那么,我们该如何提升自己的对话技巧呢?牢记一点:在对话中,我们有时会觉得自己被对方忽视或误解了,或感到对方没有认真听自己说话,此时要想想为什么会这样以及对方的态度是怎样的。在这种情况下,我们可以好好利用自己的"自恋"心理。在试图插话或主导对话时,我们希望对方给我们说话的机会,倾听我们讲的事情;同理,要想成为善于倾听的人,就要给对方说话的机会,倾听对方讲的事情。

要把倾听当作一个反馈过程,我们并非只需要单纯了解对方讲的事情,而要将其"弹回"给对方,就像打网球一样。在和婴幼儿交流时,我们可能会遇到这种情况。在孩子很小的时候,我们必须教他很多事情,比如他是谁、他有什么感受以及那些感受意味着什么。

## 第3章
## 用反馈激活高质量倾听

举例来说，看到孩子正在哭泣，母亲可能会模仿他皱眉的表情，同时还会问："啊，宝宝不高兴吗？"她这样做，实质上是在教孩子这种情绪叫"不高兴"。孩子原本并不理解自己的情绪，而当他看到母亲脸上的表情后，他开始理解自己的感受了。

> **倾听 TIPS**
>
> 把倾听当作一个反馈过程，不要只是"接收"，而要将其"弹回"给对方。

换句话说，共情式反馈有助于人们加深和理解自己的感受。我们在生活中经常需要他人的"见证"。比如，我们有时会需要他人的深切关注来证实我们的感受。从更深的层次上来说，我们的存在才能得到证实。

这种反馈过程的发展中断也许是形成自恋的部分原因。我们可能永远都在寻求外部认可。在我们眼中，他人并不是独立的个体，而是一面面镜子，是我们证实自我的工具：在这出只有一个主角（我们自身）的大戏中，他人都是配角。

我们经过深入思考后会发现，对话不仅可以交换信息，

## 带着目的去倾听
### HOW TO LISTEN WITH INTENTION

还可以表达许多重要内容,如我们是谁、我们想成为什么样的人、我们希望他人如何看待和认可我们以及我们希望他人如何通过倾听来帮助我们定义自我感受。

你有没有发现,向他人敞开心扉可以让你更好地理解自己的困境?下次当你认真倾听时,不妨也给予对方同样的感受,让对方知道你明白了,而且你认为他说的话和他的感受很重要,他本身也很重要。

不过,很多人渴望得到这种关注和认可,却又不愿意给予他人同样的对待。

与其指望通过学习技巧和惯用语来改善自己的倾听技能,不如端正自己的基本态度,真诚地与人交往,这样会容易很多。学会真正放下自我,虽然这有一定的挑战性,但会很有趣。

不妨花一天的时间专注于倾听,对他人充满热情和好奇,给予与自己交往的人最热情的关注并对其表现出很大的兴趣。这时,你可能意外地发现,这样做比刻意给人留下深刻印象更能获得真心。

## 第3章
### 用反馈激活高质量倾听

还可以假设你和对方都不是重点，对话本身才是最重要的。此时，双方要努力理解对话的精炼构思、各自的新想法并感受全新的沟通融洽感。要听清对方说的话，同时，在回应对方时加些自己的想法并表现出兴趣，让对方知道你对此很重视。另外，鼓励对方和你一起完成这个有趣的对话过程，双方共同创造成果。

> **倾听 TIPS**
>
> 尽力听清对方的话，在回应对方时加入自己的想法并表现出兴趣。

此外，很多方式也可以为对话增光添彩。比如可以试着进行推断：将对方表达的想法加以拓展，询问他接下来会做的事情或直接得出结论。

甲：我当老师当腻了，当然也不想干回老本行。

乙：你是想改行吗？

还可以进行整合，把不同的想法很好地结合起来。因为

带着目的去倾听
HOW TO LISTEN WITH INTENTION

通观全局往往比单方面考虑更有价值。对此,一个很好的方法是摒弃非此即彼的思维方式,考虑采用"一加一大于二"的思维方式,比如:

甲:我妈让我这么做,朋友让我那么做,我都不知道该听谁的了!

乙:你有没有想过,你可以选择谁的也不听?

## 用反馈建立情感纽带

进一步来讲,反馈也是人与人建立情感纽带的诱因。进行反馈时,如果你与对方使用相同的词语、意象或语气,你就是在向对方表示你是站在他那边的,并想要在你和他之间架起一座沟通的桥梁。

一名中学生对老师说:这堂课真是糟透了。

老师:是吗?哪里糟透了?

## 第3章
### 用反馈激活高质量倾听

老师这样回应要比说"如果你对课程不满意,可以去找校长谈谈"更能营造融洽的氛围。后者用正式而生硬的语气回应对方随意的语气,只会让两人之间的关系疏远,双方是不太可能产生任何共同目标感的。

此外,反馈并不仅仅局限在口头上。例如,当对方用缓慢而忧郁的语气讲述一件悲伤的事情时,如果你没有用兴奋的语气大声回应,对方很可能会认为你很配合并因此感激你。同样,肢体语言和面部表情也可以表达很多内容,如仅仅摆出与对方相似的姿势就能传达很多信息。如果对方身体向前倾,而你也稍微向前倾,这表明你赞同他;如果对方在讲话时微笑起来,而你也一起微笑,这表明你理解对方且能与他共情。

有些人甚至会试着稍微改变音调或口音,以突出自己与对方的共同点。当然,如果你愿意的话,也可以用这种方式来展示你的不同之处。比如,两个来自同一国家的人在异国他乡进行交谈时,他们可能会强调自己的母语口音,无意识地向对方发出这样的信号:"我和你一样。我们是朋友,立场相同。"但如果一个人在国外生活了几十年,仍然不肯说当地的方言,那多少也显得有些奇怪。

女性在和孩子说话时可能会无意识地简化语法，提高声调；但当她们与公司中身处高层的男性交谈时，她们会加入大量令人印象深刻的"大词"，且谈吐很有深度。而医生在描述常见病时，可能会使用一些专业医学术语，让自己看上去比不懂医学的人更聪明、更可靠。归根结底，对话中的共情远不止口头上说说而已。

## 如何避免"反馈陷阱"

> **倾听 TIPS**
>
> 如果你反馈的内容不准确，可以真诚地请对方补充信息或自己主动道歉，但要循序渐进，且不要笼统地解读自己听到的内容。

但值得注意的是，反馈并非百试百灵，也可能会出错。如果你反馈的内容不准确，可能会在无意中暴露出你没有在认真倾听，从而产生不良影响。在这种情况下，你可以真诚地要求对方补充信息，或者自己主动道歉，但最好循序渐进，且不要对自己听到的内容进行笼统的解读。毕竟，没人愿意被他人草率地分析，也没人愿意听他人

## 第3章
## 用反馈激活高质量倾听

草率地分析自己的心理。

反馈的另一个问题是"过早揭露"。对于有些话题，对方可能不愿意和人讨论或不想和人讨论，他可能是单单针对你，也可能是针对所有人。再以本章开头的对话为例，克里斯汀也可能会说："你是要重新考虑你们的关系吗？"从某种程度上说，这种说法可能是"对的"，但会给人交浅言深的感觉，因为泰勒可能并不想和她讨论这个话题。如果遇到这种情况，最好的做法是不失礼貌地打个圆场，比如改变话题或幽默而得体地避开这个话题。

另外，还要注意避免"情感遗弃"。假设克里斯汀说了上面那句话，而泰勒很信任她，两人很可能会顺着这个话题聊下去。泰勒可能会进一步敞开心扉，向克里斯汀讲述一些相关的细节。在这个过程中，泰勒可能会变得相当脆弱。如果克里斯汀点头倾听，然后直截了当地改变话题，比如说自己想点杯咖啡，那么泰勒可能会觉得自己被遗弃了，就好像克里斯汀把她带到了深水里，然后毫无防备地把她丢下不管。再比如，心理咨询师促使来访者讲出痛心的往事，如果在来访者正伤心之时，心理咨询师突然愉快地告诉他治疗结束，然后立即送他离开，这就是情感遗弃。

带着目的去倾听
HOW TO LISTEN WITH INTENTION

还有一点需要记住：成为善于倾听的人并不代表你要扮演心理咨询师的角色。要把握好分寸，不要分析对方的心理，不要就对方的感受提出宏大的理论和解释，它们根本引不起对方的任何共鸣。而且，猜测对方的心思、想当然或把自己的想法强加给对方，并不会让对方觉得你和他感同身受，反而会让他觉得自己受到了冒犯。

> **倾听 TIPS**
>
> 要让对方得出结论，你只需轻描淡写地引导对方表达自己的情绪或委婉提出可能的问题与解释。

在倾听的过程中，要让对方得出结论。不要想当然地认为自己很聪明、无所不知，也不要一直想着教导对方，而要轻描淡写地引导对方表达自己的情绪或委婉地提出可能的问题或解释。例如，你不能对朋友说"你就是这样，就喜欢这种人。由于受你爸爸的影响，你找的全都是这种类型的男人，对不对？我敢打赌，你现在一定很生气"，而要说"对不起，我想象不出那是什么感觉。你是怎么看待这一切的？"

当然，也有一些人明明很不善于对话，却误以为自己善于倾听。他们会无意识地利用共情来主导谈话，间接地满足自我。因此，还要避免当局者迷。

# 第3章
## 用反馈激活高质量倾听

● **向上社交提升指南**

为什么把注意力全都放在对方身上，对方仍感到孤独与疏离？

最有成效的沟通并不来自倾听者的全神贯注，而是源于带着反馈的高质量倾听，这需要倾听者努力促成有效对话、积极倾听并不断提升自己的对话技巧。

- 进行有效对话的 4 大关键是：无条件积极关注、积极倾听、共情、反馈。

- 积极倾听的基本方式有 9 种：理解、记忆、回应、重述、反馈、总结、给情绪贴标签、进行引导性提问、沉默。

- 提升对话技巧的方法有 8 种：多给对方说话的机会、把倾听当成反馈的过程、向对方敞开心扉、对对方表露兴趣、及时整合双方的观点、用好肢体语言、避免"过早揭露"和"情感遗弃"、把握分寸。

# HOW TO LISTEN WITH INTENTION

第 4 章

## 用认可促成彼此的真正理解

人们在互动中真正寻求的常常是认可,而非建议。

HOW TO LISTEN WITH INTENTION

# 第4章
## 用认可促成彼此的真正理解

# 一切从共情出发

前几章探讨了对话风格和用语措辞等内容,本章将深入讨论沟通最深层的功能,即双方相互看清楚、听明白以及相互理解和认可。不加评判地倾听,不"纠正"对方,不试图改变对方的感受,也不急于表达自己的看法,而这一切皆源于共情。

真正的共情可以化解双方冲突、拉近双方关系。

所谓"非暴力沟通",原则上是设法理解对方的情绪,而不是加以否定、改变、评判、赞扬、解释或为其负责。而要做到这一点,同样需要练习。

先来看看下面这段对话。

甲：我好想她。我也知道自己早该放下了，但在她去世后，我不知道为什么就是放不下。我好像现在才开始面对……

乙：你很难受吧？

甲：是啊。我也说不清。有时候还好，但说实话，我真的无法接受。

乙：我记得我妈妈去世后，我用了一年的时间才缓过来。但现在回想起来，这在某种程度上也是一件好事，你明白吗？

甲：好事？

乙：是啊，经历了这一切，我对自己更加了解了。

甲：是吗？

乙：你和我一起去练跆拳道吧。我发现运动真的有好处，可以促进血液循环。

甲：也许吧，说实话，我想消沉一阵子。

乙：别这样，高兴点儿。我明白你的感受。别想那些不好的事情了，好吗？你做得很好，始终都在努力保持乐观，我为你感到骄傲。我也说不清，生活有时真的很难理解。

这段对话结束时，双方可能都觉得乙做到了共情，觉得他在尽力帮助甲，但甲可能依然觉得自己并没有得到倾听。实际上，面对我们关心的人，我们可能会认真倾听并认可他的消极情绪，这可以从我们的回应中听出来。不过，我们也可能会急于纠正对方、解决问题或解释而不自知。虽然我们的意图可能是好的，却在无意中传达了这样一条信息：对方的感受是不合理的。

在上面的对话中，乙提出了建议，想让甲高兴起来，但他的建议并不诚恳，好像他体会不到甲的痛苦，不愿意认可甲的痛苦，也不愿去了解。具有讽刺意味的是，过分关注积极性只会使消极性更加突出。也就是说，经过这次对话，甲可能感到更加悲伤和孤独。

**倾听 TIPS**

过分关注对话中的积极性只会使其消极性更加突出。

善用共情，不加评判地倾听对方，说起来容易做起来难。共情他人时，不要对对方的行为进行解读或解释，不要谈理论，也不要为之辩解；此外，不要想着让对方的心情好转，不要责怪对方，也不要感到内疚。有人可能会问："那我还能做什么呢？"很简单，只需倾听和接受对方说的话。

要对对方实际传达的信息感到好奇，暂时把自我抛在脑后，专心倾听对方说的话，而不是匆匆结束对话。在对话过程中，不要分心，要设法弄清楚对方的情绪来源。如果还有其他问题需要解决，那就等合适的时候再说。此外，也不要在倾听过程中分神想之后的事，否则会让对方感到你没有认真听他讲话。

## 真正的理解比解决问题更重要

> **倾听 TIPS**
>
> 真正的理解比提建议和解决问题更重要。

不要拘泥于事实或逻辑论证，要用"心"倾听对方的情绪，了解他的感受如何，他有什么意愿、担忧或需求。此时，不要在

第 4 章
用认可促成彼此的真正理解

意谁对谁错，而要和他一起感受，一直陪伴他。当然不用一直跟着他的情绪走，可以试着从他的角度看问题。与提建议和解决问题相比，真正的理解带给对方的感受要好得多，因为前两种方式往往抓不到重点。

要想在沟通中做到共情，需要在情感上变得成熟起来，并且能应对各种情绪。此外，还要能面对各种感受，不要逃避，不要急于解决或想方设法避免不适。事实上，人越能忍受自己产生的不适，而不是急于解决或否认，就越能忍受他人带来的不适。

悲伤的人有时会说，他人尴尬的回避会让他们的悲伤加重。他们希望有人能诚实且无畏地认识到他们的真实状况，并希望有人说："你很伤心，我看得出来。"他们希望得到他人的支持，这样他们就不会感到孤单了。

一个很好的方法是，避免在心里评判对方说的话或暗自下结论。

比如，你可能会认为对方反应过度或反应迟钝，认为自己不会做出某些反应；你也可能会开始思考谁好谁坏或在心

带着目的去倾听
HOW TO LISTEN WITH INTENTION

里质疑对方说的话的真实性。你甚至可能会以科学家或调查员自居，试图解开谜团、找出"罪魁祸首"，并试图判定谁对谁错、错在哪里或对方遗漏了哪些事实；或者你可能会扮演护士或母亲的角色，无法接受对方的消极情绪，自认为有责任让对方高兴起来或责备对方不该惹你不开心；等等。

其实，以上这些都是你的想法而已，与对方无关。此时，你的看法并不重要。因此，你要抛开所有的偏见、想法和信念，专注于对方：他现在有何感受？不要想象你处在对方的处境中会有何感受，而要想象对方在那样的处境下会有何感受。

## 让对方定下谈话的基调和节奏

**倾听 TIPS**

让对方定下谈话的基调和节奏，你只提一些开放式问题、给出反馈或表示支持。

要给对方留出足够的时间来讲述和表达，而不要急于下结论或总结。如果不这样做，即使你的结论或总结再巧妙，也可能会让对方觉得你想尽快结束对话，这其实是在否定对方的感受。对

# 第 4 章
## 用认可促成彼此的真正理解

方将自己的感受讲给你听,而你却草草地简单作结,这表明你不想再听下去了,希望他放下这种情绪向前看——这种做法是不可取的。

在对话中不要操之过急,而要耐心听对方讲述,等时机合适时再说出你的理解、结论或解决方法,这会让对方知道你是真的关心他。让对方定下谈话的基调和节奏,你可以通过共情予以配合。还可以提一些开放式问题、只给出反馈或表示支持,这样,对方会觉得你在认真倾听。要避免提封闭式问题,因为这可能会让对方觉得你想让他谈某些特定的主题,而不想让他表达自己的感受。

即使你非常努力地想要成为很好的倾听者,也可能会无意识地让对方隐约地感觉到你并不重视他的情绪体验,让他感到你没有认真倾听。有时,你甚至会不知不觉地带着某些成见展开对话,包括对话应该如何进行、对方应该说什么以及双方应该扮演哪种角色等。此外,你可能会自以为在"认真倾听",但实际上,

> **倾听 TIPS**
>
> 在某人脆弱时认真倾听和接纳他,并抛开自我,你可能会永远赢得他的信任。

你却在支配对方讲述自己的感受。

善于倾听的人首先要愿意倾听和接纳对方，敢于完全接受他的现实情况，并和他一起面对他的各种感受，同时将自我抽离出来。如果你能在某人脆弱时做到这一点，可能会永远赢得他的信任，双方的关系也会因此更牢固。

假如你心有疑虑，不妨想想，你在向他人表达情绪时希望对方怎么做。难道你想听他讲大众心理学吗？你想听他讲自己哪里做错了以及如何改正吗？如果他惊慌、尴尬，你会感到内疚，你希望这样吗？你希望他"核实"你讲的事情吗？你想听他说你反应过度或他站在别人那边吗？而如果他说"嘿，不管发生什么，我都会支持你。再给我讲讲"，你是不是会非常感激他？

## 认可可以满足对话中普遍存在的情感需求

要想做到共情，就不要匆忙做出评判，把发言权让给对方。这种做法就是认可，即口头上肯定和接受对方的情

## 第 4 章
### 用认可促成彼此的真正理解

绪和观点,这么做会让对方知道我们在倾听。实际上,认可也是对深度倾听的一种延伸:既关注正在进行的对话,同时也留意其中的元对话。

正常情况下,人在倾听时关注的是有意识的对话层面,而认可可以满足人在元对话层面的情感需求。人只要开口说话,就会产生这种需求。

乍一看,认可似乎是一个相当简单的概念,甚至与积极倾听没有太大的区别,只在对方需要时点头表示肯定即可。然而,尽管认可听起来比较简单,但其表达方式大有讲究。

在沟通中,认可是比较有效的交流方式之一。无论是老朋友还是陌生人,双方都可以通过认可建立彼此间的尊重。通常,即使对方的情绪令人反感,也不要阻止其表达出来,否则就会导致对方不愿再倾诉,影响双方交流,甚至使得双方的关系受到威胁。

另外,真正的认可能使得沟通双方都受益:被认可的一方的自我本身会得到肯定,而认可方自身的精神高度和自我价值感会得到提升。随之,双方各自都会产生慷慨、信任和倾诉的渴望。当所有这些因素都发挥作用时,沟通很少会出问题。

2010年,罗切斯特大学的研究人员发表了一篇文章,对认可的相关研究进行了总结。这些研究强调了认可行为在成功的人际关系中产生的积极而微妙的影响。真正的认可不仅包含关注对方或尊重对方的意愿,还要让对方感到被接纳和倾听。

> **倾听 TIPS**
>
> 真正的认可包含两点:一是关注对方并尊重其意愿,二是接纳和倾听对方。

在一项研究中,研究人员要求一组被试专心回忆他们过去3年里最美好的经历,然后让他们与其他人(搭档)配对进行实验,并鼓励他们向搭档讲述那段经历。这些被试不知道搭档并不是被试,而是专门受过训练的人。研究人员称这些人为"研究同伴",他们在被试讲述自己的经历时可以给出支持型回应。

另一组被试同样与研究同伴配对进行实验,但后者也自

# 第 4 章
## 用认可促成彼此的真正理解

称被试。不过,这组被试并不是要讲述自己的积极经历,而是参加一项包含绘画的趣味活动。

3次实验过后,两组被试的反馈产生了有趣的分歧。调查报告显示,与前一组被试相比,后一组被试更喜欢自己的搭档,和搭档相处得也更愉快;而那些跟搭档讨论自己的积极经历并得到支持型回应的被试更信任自己的搭档,且更有可能向搭档吐露自己的想法和感受。这些被试由于得到了搭档的肯定,他们感觉自己的积极经历更加美好了,对日常生活也更有信心,同时也萌生了很大的善意。他们在原有经历的基础上获得了更高层次的满足感和价值感,而这一切都源自搭档的认可行为,虽然这种行为有些简单。

值得注意的是,被试讲述的积极经历并不都是大众普遍认可的重要事件,如毕业、结婚、生子等改变人生的积极事件,而只是愉悦的经历或互动,每天都可能会发生。对被试来说,认可这些"小事"同样重要,即使它们被大众普遍认为不如那些"大事"重要。

对这些"小事"的支持性话语提高了被试的信任感和信心,同样也使得被试变得更加慷慨。

## 认可的两个要素

虽然任何言语互动听起来都很简单,但我们在实际的表述过程中还是可能会出错,认可也不例外。因此,要想让对方感觉自己得到了认可,某些要素必不可少。在向我们倾诉或表达某种即时情绪时,对方希望我们能接受并处理这种情绪,但我们未必能如他们所愿。

成功的认可行为主要包含以下两个要素:

一是识别情绪。识别自己的情绪是个人心理健康的一个重要部分,而识别他人的情绪对我们的人际关系和社交来说大有益处。在对方未直接说出"我很生气"或"我很难过"时,用言语表达对其情绪的理解,这种能力有助于实现积极认可,表明我们对对方传达的信息很感兴趣,而且也表明我们是在用心倾听,而不仅仅是听。

二是解释情绪。一旦识别出对方的感受,接下来就要向对方声明这种感受是一种恰当的或可以理解的情绪反应,如"如果我是你的话,我也会有同样的感觉"。这有助于双方建立一种共同感,即让对方知道,理性的人在同样的情况下都会产生和他相同的感受,并告诉对方你也感受到了相同的情绪,强调他的感受和想法是合理的。

证明对方的情绪是合理的比立即提建议要重要得多,因为对方希望你先感同身受,而不是告诉他应该怎么做。

如果不先认可对方的情绪,那么,即使是善意的或合理的建议,也只会让他觉得自己做错了或他产生这样的情绪主要是他的错。因此提建议之前,需要在情感层面与对方沟通。这样,稍后提供解决办法时,对方会容易接受得多且能感受到更多支持。很多时候,人们在互动中真正寻求的是认可,而不是建议。

> **倾听 TIPS**
>
> 人们在互动中真正寻求的常常是认可,而非建议。

因此,情感支持比提供可改善对方处境的建议更重要。的确,很多时候心情好转远比知道解决办法更重要。

那么,以上两个要素在实际沟通中是如何发挥作用的

带着目的去倾听
HOW TO LISTEN WITH INTENTION

呢？先来看一个行不通的对话场景：

甲：真不敢相信！明明是老板让我那样做的，结果却让我加班！我当时就知道那样不行，还提出了反对意见，但他们非让我那样做，最后把事情搞得一团糟。现在，老板竟然让我周末加班把一切恢复原样！

乙：我早就告诉过你，那家公司很不好，但你还是去上班了。现在发生这种事，有什么好奇怪的。

甲：哎呀，"谢谢"你让我感觉更糟了。

乙：当初想去那里工作的人又不是我。你别看我。你为什么不换个工作呢？

乙的回应有什么问题吗？几乎句句都有问题。甲认为自己遭遇了不公，所以感到愤愤不平。他在工作中既没有得到重视，当事情出了差错时，他又遭到苛待。乙也给了甲同样的"待遇"，他提醒甲说"我早就告诉过你"，其实他没有认真对待甲的感受。他批评甲从一开始就做出了错误的选择，暗示甲不应该感到不快，因为从本质上说，他的潜台词是甲

第 4 章
用认可促成彼此的真正理解

在自作自受。

与之相比,下面这种对话要好得多:

甲:真不敢相信!明明是老板让我那样做的,结果却让我加班!我当时就知道那样不行,还提出了反对意见,但他们非让我那样做,最后把事情搞得一团糟。现在,老板竟然让我周末加班把一切恢复原样!

乙:他们竟然这么做?不会吧!这也太让人窝火了!要是我,我也会生气的。

甲:我感觉自己在那儿不管做什么都是白费力气。

乙:你一定很沮丧吧。我觉得任何人在这种情况下都会感到沮丧,尤其是在那家公司。

在上面这段交流中,乙在认可甲的经历方面做得很好。他识别出了甲的愤怒情绪,表示"这也太让人窝火了",然后说"要是我,我也会生气的",以证明甲的情绪很合理且可以理解，让甲知道人在这种情况下都可能会产生这种感受。接着，乙在最后一段话中重复了认可的过程：识别出甲感到沮丧，并表示任何人在这种情况下都会有同样的感受和行为。

注意，在后一段对话中，乙并没有试图帮助甲解决问题，甚至也没有刻意努力让甲的心情好转。因为在此刻，甲需要愤怒，这种情绪是合理的。如果乙试图提建议并强加给甲的话，就会打断甲的情绪过程，并影响甲感受自己的情绪。

此外，在后一段对话中，乙的回应让甲感觉得到了认可、理解和同情，这提高了双方的沟通质量。如果稍后乙还能提供有效的帮助或解决方法的话，那就更好了。不过，如果乙没有意识到甲的情绪是合理的，那即便他提供了解决方法，也不会有多大的效果。也就是说，即使你知道该怎么做，即使你认为对方的某些行为很愚蠢，但你依然需要这样想：除非对方亲口说出来，否则他是无法理解自己的行为的。所以，你必须"迎合"对方，并在一定程度上入他的"戏"，让他感觉自己得到了认可，然后再引导他获得情感支持，或许你还可以帮他找到解决方法。

# 第 4 章
## 用认可促成彼此的真正理解

# 警惕"认可陷阱"

在上文的前一段对话中，乙的回应是不恰当的，因为他扰乱了甲的情绪。也许是由于某种原因，乙不想花时间与甲专心交流，不想认真对待甲，所以他才会给出那种无礼、冷硬且刻薄的反应，他这么做简直是雪上加霜。

不过，这样的回应并非全都出于恶意。人们可能会不知不觉地否定他人的感受，但出发点是好的。有时候，我们对他人情绪波动的回应可能并无恶意，结果却给对方造成了伤害，而我们还不自知。可能大多数人都自以为是在认可对方，其实是在雪上加霜。

例如，某人因为某种情况而感到紧张不安，别人安慰他时可能会说"别担心"或"你不该有这种感觉"。这些人出于好意可能会用安慰的语气说出来，想让他心情好一些，但实际上，这种回应是在否定他。他为自己的处境感到担心，这种感觉已经产生了，他有权感受自己的情绪。如果有人告诉他这不是最佳做法，就是在否定他的权利。即使这些人是出于善意，也可能会让他认为这些人在否定他正常的情绪。

另一种回应可能也会成功地认可对方，那就是"我能感觉出来，你对此很担心"。这种回应是在告诉对方，他的担忧是真实存在且合理的。因此要记住，在沟通中，最主要的目标是识别对方的情绪，并证明这种情绪是合理的，仅此而已。

> **倾听 TIPS**
>
> 沟通最主要的目标是识别对方的情绪，并证明这种情绪是合理的，仅此而已。

有一种否定回应于事无补，那就是"你竟然有这样的感觉，我真为你难过"。此时，你可能认为"我真为你难过"是在表示同情。在某种程度上，这种想法可能是对的，但这种回应也可能会被理解成一种空洞的情绪。假如某人丢了工作、遭到孤立、患上慢性病或遭遇重大伤害等，这时对他说"我真为你难过"并不合适。当你为对方正在经历的情绪波动感到难过，或为他"有这样的感觉"感到难过时，其实你是在暗示他不该有这种感觉。实际上，对方是否应该有某种感觉并不重要，因为他已经产生了那样的感觉，已经无法改变了。

具有认可效果的一种回应是"我能理解你为什么会有这

## 第4章
### 用认可促成彼此的真正理解

种感觉,我想换作其他任何人都会和你一样"。向对方解释他有权感到不安,且表示这种感觉是正常的,这么做有助于缓解对方的紧张情绪,并使其与外界建立联系,如告诉对方不止他会有这种感觉,其他人也会有。而且,即使你认为自己不会有这种感觉,也要让对方相信他人会有这种感觉。当然,你可能没有遇到过这种情况,所以并不知道自己在这种情况下会有何感觉。

此外,"还好不是……"或"还不算糟糕透顶"等回应,则是在暗示对方的担忧不合逻辑或毫无根据,同样不可取。因为情绪从来都不讲逻辑,且是真实存在的。也许对方遇到的问题可能不算糟糕透顶,但对方主观感觉它就是不好。因此,对于将对方遇到的问题与更严重的情况进行客观比较,虽然你的目的是让对方的心情尽快好起来,但反而会"暗示"他该感到担忧。这其实是一种相对温和的排斥。因此,情况是否糟糕透顶应该由正在感受相关情绪的人来判断。

在这种情况下,应该给出恰当的认可回应,这会让对方感到你在认真对待他,比如"你真的经受了很多"或"多跟我说说你的感受吧"。当你给出这样的回应时,是在承认对方的问题很重要，他会相信你愿意认真对待他的担忧，并相信你不想贬低他的感受。

> **倾听 TIPS**
>
> 直言拒绝不可取，它既是在否定对方，也是在指责对方。

通常，直言拒绝不仅是一种否定，更是一种赤裸裸的指责。例如，"我不想谈这个"是在否定对方，会让对方觉得自己的担忧不值得，且直接阻断了双方的沟通。

比较好的回应是"你是否需要我帮你解决这个问题"或上文提到的"多跟我说说你的感受吧"，这么说会让对方觉得，即使他没有好的解决方法，但至少他找到了寻求较好结果的途径。

当然，这并不意味着在应对别人的感受时要谨慎行事，以免不小心做出否定回应。你可能会做出否定回应，我可能也会，因为你我都是好意，而且我们难免都会犯错。但请注意，在无意中给出否定回应后，应该随即说些表示认可的话。记住：你是想和对方建立联系，想让双方的沟通顺畅进行。这样一来，你就更容易将重心转回对对方的认可上。

第 4 章
用认可促成彼此的真正理解

# 6 步认可法

有些人喜欢分步处理事情,对于这些人,可能最好先学习心理学领域的一个基本框架,该框架包含了认可的 6 个步骤。假如你是这样的人,当你的朋友或所爱之人处于脆弱状态找你倾诉时,你可以依次通过以下几个步骤进行有效的倾听与沟通。

## 与对方同频

首先你要与对方同频。这是 6 步中最简单也是最棘手的一步。同频不只表示你的身心要在现场,你还要和对方保持眼神交流。这一步其实可以分为两小步:先给予对方绝对关注,然后想到他此刻正在应对很大的情绪并予以理解。

> **倾听 TIPS**
>
> 同频不只表示身心在现场,还要和对方保持眼神交流。

第一小步是身心在现场,也就是要排除干扰。此时,要关掉手机和电视,并把音乐的音量调到背景音乐水平或直接关掉音乐。如果是放松的音乐,尽量开着,因为放松的音乐通常可以让沟通环境更轻松。

在公共场合,如果很容易就能找到比较安静的地方,那就换到那个地方;如果不好找,那就试着克服干扰,把注意力完全集中在对方身上,必要时可以靠近对方倾听。

第二小步是接受对方的强烈情绪并体谅对方。我们可能会对对方强烈的情绪反应太快,刚开始看到对方极度悲伤或愤怒时会感到震惊,这是合理的。但一旦震惊退去,就需要让对方知道你愿意面对这样的他,这至关重要。可以问对方开放式问题,如:"你现在感觉怎么样?""可以跟我说说发生了什么事吗?"同时还要注意,眼神和面部表情要柔和,让对方知道你愿意倾听且不会随意评判他。

## 准确回应

当你听完对方说的事情后,下一步要让他知道你在关注他的心情并试图理解他的感受。此时,你要努力就他的感受

# 第 4 章
## 用认可促成彼此的真正理解

给出准确回应。你可以采取不同的反馈形式,但都应该是口头陈述,认可对方传达的情绪并完整陈述他的境况,让他相信你理解他的感受,如"你没有得到那份工作,我能感觉到你很失望"或"感恩节你要回去面对家人了,我能听出来你很焦虑"。

认可对方情绪的话语只需一两句即可,无须太多,其实也不应该说太多。只要让对方知道你在倾听、你对他的事情感兴趣且关心他以及你想听他继续讲述,这样就足够了。

同时,试着用你自己的话来复述对方的感受,而不是一字不差地重复他对你说过的话。单纯地逐字重复对方的话只能证明你的短时记忆很好,而你用自己的语言重新表述则表明你试图在更深的层次上理解对方。

> **倾听 TIPS**
>
> 用自己的话复述对方的感受,而非一字不差地重复他的话。

此外,鹦鹉学舌般地重复会被对方误认为你在讽刺他,就像成人模仿孩子哭一样。

带着目的去倾听
HOW TO LISTEN WITH INTENTION

## 读懂对方没说出来的意思

由于各种原因，许多人都与自己的情绪"脱节"了。其中一个重要原因是他们总是被他人否定。例如，在他们小的时候，父母可能忽略了他们的感受，如在他们哭时，父母只是简单地模仿他们哭，并不关心他们的感受。或者，他们以前曾尝试向别人坦诚自己的感受，但对方的反应给他们造成了很大的伤害，导致他们后来压抑自己的情绪，并把它们深埋心底。

因此，要读懂对方没说出来的意思，比如："父母不看好你的决定，你是不是觉得自己被否定了？""同事不信守承诺，你是不是感到很失望？"

至关重要的一点是，要将其表达成一种猜测，而不是肯定的看法或判断，否则就是在告诉对方：你高他一等，所以你知道如何解决他的问题。这会导致双方产生距离感，就像导师与学生的关系，如此一来，对方可能会不愿向你倾诉，甚至心生不满。根据对方的行为猜测其感受，并不是等对方表达情绪后再给出反馈，而是主动引导对方解析自己的情绪。

当然，解读对方情绪时将其表达成一种猜测的另一个原因是，你可能会说错。不过此时，猜错也没关系，因为你在设法弄清楚对方的情绪。归根结底，是对方在感受那些情绪，所以他最清楚。如果你猜错了，他可能会纠正你，这完全没问题。你可以让他放心地解释给你听。如果对方知道你只是在猜测，那么他在澄清自己的情况时会感到比较安心。

> **倾听 TIPS**
>
> 可以通过对方的行为了解其感受，但要将其表达成一种猜测，而不是肯定的看法或判断。

## 以对方的经历为中心

这一步取决于你对对方的过去及其性格了解多少。如果你和对方是老朋友，那么你应该对他的过去相当了解。对方当下的所有反应都是受其过往经历和天性影响的结果。此时，你要认识到对方的过往经历对其行为和感受的影响，从而表达你对他的理解。

例如，假设你的某位朋友小时候骑自行车时被车撞了，虽然他的伤势并不严重，但这件事给他留下了心理阴影。这不难理解，尤其是他当时还很小，很容易受影响，此后他可能不敢骑自行车或不敢一个人过马路。

这只是一个简单的例子，每个人都可能会遇到类似的情况，尽管当时感觉很痛苦，但最终都会过去。但要注意，可能还有很多更严重的痛苦经历影响着对方。例如，他可能遭受过虐待、父母早逝或在战争中目睹过可怕的暴力，抑或经历过其他非常悲惨的事件。在这种情况下，你要谨慎行事，且要体现在你的回应中，如你可以对他说"我知道你在很小的时候就失去了母亲，我想我能理解你为什么害怕被抛弃"或"在你经历过那种虐待后，我猜你可能不会再轻易相信别人了"。

## 避免评判

如果某件事引起了我们的强烈反应，那它就不是寻常事，也不是正常现象，会导致我们产生平常少见的情绪。应对这种情况的关键在于，要认可这种情绪，对他人也是如此。虽然这种情况本身并不寻常，但对方对这种不寻常情况的情

## 第4章
### 用认可促成彼此的真正理解

绪反应则是完全正常的,要理解这一点。

例如,被解雇就不是一个小问题。这种情况比较少见,它可能会给被解雇的人带来极大的压力和心理创伤。刚刚被解雇的人可能会对自己的未来感到焦虑和担忧。此时,正确的应对方法是,让他知道自己的焦虑和担忧是完全正常的,比如对他说:"换作是我,我也会对自己的未来感到担忧。"你必须让对方明白他的反应并不奇怪且没有错,也要让他知道,换作是其他人,也会有同样的感受。

此外,在肯定对方的感受时,不要对他说"你会好起来的"或"一切都会好起来的"之类的话。因为你在说这些话时虽然充满善意,但你实际上会终结讨论,否定对方消极情绪造成的影响,继而否定对方的感受。其实,你并不知道他是否会好起来。即使你以前有过同样的感受,最终好了起来,但这并不代表对方也会好起来。

"我相信你能挺过去"这样的话虽然可取,但此时也是可说可不说的。你应该把对方的感受放在首位且要让他知道你在这么做,因为对他来说,你能理解并认可他的感受更重要。你要给对方时间来表达情绪,且不要用善意的劝慰打断他。

带着目的去倾听
HOW TO LISTEN WITH INTENTION

## 向对方坦露内心和脆弱感

这一步与肯定对方的感受有关,且比肯定要更进一步。在沟通的最后,你可以适时向对方坦露你的内心、你的故事,甚至是你的脆弱感。你的终极目标是让对方感受到你对他的关爱、重视以及尊重:他与你是平等的,只是此刻他特别难过而已。

此时,你可以对他说"我相信你能挺过去",让他知道自己是一个正常人,只是遇到了难事而已,而你也有过同样的经历和感受。重要的是,你要让他知道:你相信他能挺过去,你知道他有能力解决自己的问题或适应变化,他并不是无能为力或无法纠正错误。要向你所爱的人表示信任和支持,尤其是在他们情绪低落时。

感情和友谊源于爱、幸福感和满足感,而要维持感情和友谊,则需要将这些感受转化为相互认可,这需要认真练习。

第 4 章
用认可促成彼此的真正理解

## 向上社交提升指南

**为什么沟通越多,矛盾反而越多?**

人们很容易在沟通中去追逐各自的目标,从而造成更大的矛盾与分歧。而要"合流"双方的目标,就需要做到深入理解、准确回应和表达认可。

- 深入理解他人的方式有 6 种:不加批判地倾听、对其所述内容保持好奇、全心倾听其情绪而不囿于事实或逻辑、不暗自下结论、让对方主导谈话的基调和节奏、完全接受其现实情况。

- 准确回应的方式有 6 种:识别并肯定其情绪、避免否定意味的表达、避免将其问题与更严重的情况进行客观对比、不以客观事实衡量其主观感受、不直言拒绝、表达提供帮助的意愿。

- 认可的 6 个步骤包括:与对方同频、准确回应、读懂对方没说出来的意思、以对方的经历为中心、避免评判、向对方坦露内心和脆弱感。

# HOW TO LISTEN WITH INTENTION

第 5 章

## 塑造深入而持久的关系

想即时解读暗示，一要处理对话并适当回应，二要留意潜台词线索。

HOW TO LISTEN WITH INTENTION

# 第 5 章
## 塑造深入而持久的关系

# 从培养情商入手，深入剖析自我和他人

实际上，倾听是一个读懂对方的过程，我们要收集信息，然后尽可能做出准确的评估。

要做到这一点，可以利用一些比较直接的方法。事实上，深度倾听也属于评估他人的一项技能。不过，无论哪种倾听，其共同主题仍然是抛开自己的偏见、意愿和目标。

准确读懂和评估他人是倾听的首要目标，如果你无法做到，将来你的人际关系可能会很糟糕。要做到这一点，就需要有一定的情商。

接下来，我们通过情商来进一步解读和剖析他人。

## 带着目的去倾听
HOW TO LISTEN WITH INTENTION

心理学家丹尼尔·戈尔曼（Daniel Goleman）提出了情商的现代最佳概念。

情商，即了解并感知自己的情绪及其成因，然后利用这种意识去理解他人情绪的能力。通常，高情商的人能给自己的情绪状态贴上标签，并能很容易地找出因果关系。具体来说，情商就是准确解读他人的情绪，并推断出情绪产生原因的能力。

> **倾听 TIPS**
>
> 相比立即做出反应，在谈话中先思考"他为何这么说""他为何这么做"等问题更重要。

当我们开始思考"他为什么这么说""他为什么这么做"等问题而不是立即做出反应时，我们正在通往高情商的路上。关键在于，要理解这样一种因果关系：动机和意图会影响人的情绪，而情绪会影响人的行为。

高情商的人就像会读心术一样。事实上，这种读心术并不复杂，我们每天都在使用，只需抵制某些人性的影响且不要只关注自己即可。

## 第 5 章
塑造深入而持久的关系

以夏洛特为例。夏洛特昂首阔步地走进办公室,脚步轻快,面带笑容。在坐下之前,她问了同事德里克一个问题:"你觉得我的新发型怎么样?"德里克并不在乎夏洛特的发型,但他喜欢她,而且知道她很在意自己的容貌。于是,他热情地回应道:"挺好看的,而且这个发型很适合你的脸型。"

夏洛特坐了下来,兴奋地说:"我也是这么认为的!"接着,她微笑着对德里克说了句:"谢谢。"

德里克理解并关心夏洛特的情绪,他知道她在寻求鼓励和赞美,而不是冷漠的否定。他了解当时的情况,并根据她那个听上去天真的简单问题读懂了她的情绪状态。而听到德里克的友善回应,夏洛特觉得他更可信、更善良了,对他的印象也更好了。

随着情商不断提高,像德里克和夏洛特这样的互动会越来越多,关键在于理解和关心对方,抛开自己的意愿和观点。戈尔曼的现代情商概念可以分为 4 大类,包括自我意识、自我管理、自我激励和社会意识,它们相辅相成,可以有效地帮助我们理解和解读他人。接下来,我们一一进行探讨。

带着目的去倾听
HOW TO LISTEN WITH INTENTION

## 剖析彼此的情商要素之自我意识

自我意识，即知道自己是什么样的人，也知道自己的想法和感受。我们都知道：在沮丧时做事效率会降低，有压力时不太可能耐心地满足别人的需求。情绪是大多数行为的潜在基础。

简而言之，我们了解自己的感受及其成因，也了解感受对行为的影响。有自我意识的人知道自己的情绪对他人的影响，也知道自己的情绪会影响周围环境，同时也会受周围环境的影响。

有自我意识的人也了解自己的优点和缺点。而且，这样的人愿意且能够接受他人的建议和批评。如果一个人意识不到自己的真正技能或价值，他可能会认为自己太无能，什么都学不会；也可能会认为自己无所不知，无须别人教导。

当然，两种表现不会出现在同一个人身上。有第一种表现的人可能为人懒惰，而有第二种表现的人则比较傲慢，自以为无所不知。

## 第 5 章
塑造深入而持久的关系

如果我们承认自己需要帮助,那么接受他人提供的帮助或建议就是在向对方表明我们重视他的意见。接受他人的帮助会让对方觉得自己很重要且有人需要自己。我们都很重视这种感觉。其实,人有缺点并不总是坏事,也有可能是结交朋友和学习新事物的好机会。

提高自我意识的方法有很多,总的来说,就是要更好地了解自己。例如,可以通过专业的心理测验或性格测验了解自己;可以请朋友对你的各种人格特质或技能进行评价;还可以观察他人在你做或说某些事情时的反应,从而了解自己的哪些特质会让对方做出这种反应。

> **倾听 TIPS**
>
> 提高自我意识的主要方法是,静心反思自己做过的事,多问几遍自己为何这么做。

你也可以静下来反思自己做过的事情,问问自己为什么那么做。然后,再问一遍。接着,再问三遍。这样一来,我们通常可以突破自己建立的心理防御,从而触及问题的核心。无论采用何种方法,只要你能了解自己情绪的成因,它就是有用的。

例如，如果你正感受到强烈的情绪，不妨暂且从中抽离出来，然后闭上眼睛，试着回想一下：在过去的一两个小时里，是什么让你产生了这种感觉？过去的某些事件或经历是否导致你对某些事或某些人产生了这种感觉？是什么在潜意识中影响着你的情绪？

举例来说，假如你在下午6点感到生气，那就想想从下午3点开始自己都做过什么。比如，你可能开车回家，到家后吃了点零食，接着换上运动裤，又看了会儿电视。而在回忆开车回家的经历时，你可能会突然想起有人曾开车挡在了你的前方，还有人不停地冲你按喇叭。你当时很愤怒，而两三个小时后，你仍然怒气未消。

> **倾听 TIPS**
>
> 人的情绪通常会受到一些早已无关紧要之事的负向影响，但大多数人只是无意识地做出反应，却并不知道原因。

实际上，大多数人都不了解自己的情绪。人的情绪通常会受到一些早已无关紧要之事的负向影响。对此，大多数人只是无意识地做出反应，但并不知道原因，也不会思考自己心里是怎么想的。他们会陷入某种模式中，这些模式有时会引发人的消极情

# 第5章
## 塑造深入而持久的关系

绪，甚至会给人造成破坏性影响。

我们可以通过分析自己的内心来猜测某些情绪产生的原因，进而给情绪贴上标签；也可以通过分析自己的行为来给情绪贴上标签。前一种方式是从过去找原因，后一种方式则是着眼于当下的情绪表现，从某种意义上说，就是从眼下的情况倒推，并至少推断出一种情绪产生的原因。

与分析对方的言语相比，我们可以通过分析对方的行为更好地了解他。同样，与分析自己的言语或自我暗示相比，我们可以通过分析自己的行为更好地了解自己。

## 剖析彼此的情商要素之自我管理

最基本的自我管理就是控制自己的情绪。

例如，我们会因为和梦中情人约会而欣喜若狂，但不能将这种兴奋的情绪带到商务会议中；我们会因为得不到晋升而生气，但不能任由这种情绪影响我们与竞争对手或老板的工作关系。

## 带着目的去倾听
HOW TO LISTEN WITH INTENTION

即便是面对紧张、敌对或危险的情况，我们也要努力保持沉稳、冷静，不做无用之事。简而言之，我们不能被情绪左右。

很多人试图压抑自己的情绪，这种做法不好，它很可能会导致人产生愤懑和怨恨，甚至会导致人的仇恨和愤怒情绪的爆发。实际上，情绪有助于我们了解自己对人对事的真实看法。通过关注情绪，我们可以对自己的担忧和喜悦形成理性的认知，这对工作和人际关系都能产生积极影响。此外，我们还要注意自己的感受，弄清楚感受产生的原因，然后在头脑清醒时与相关人员冷静地谈论。这样，我们就会形成对自己感受的新认知，调整自己的行为，从而获得更多快乐。简而言之，我们要适当且有效地表达情绪，不要压抑自己。

那么，识别出自己的情绪后，我们该怎么做呢？

自我管理还包括监控自己的思想和情绪，并建立积极的人生观。有些人天生乐观，有些人则不是。通常，即使在最糟糕的情况下，寻找机遇和经验教训也能带来一线希望，从而获得有意义的成长和进步。因此，不要被失败击垮，要战胜失败，牢记经验教训，争取下次做得更好。

第 5 章
塑造深入而持久的关系

管理良好的情绪可以激励我们朝着目标前进；我们可以有意识地利用乐观思维模式让自己满怀希望和快乐，鼓舞自己继续前行。每个人都喜欢能鼓励自己迎难而上的人，而培养这种乐观精神恰恰有助于我们成为这样的人。

自我管理的最后一个方面是变通。很多人习惯按照某种特定的方式做事，当更好的方法出现时，他们会犹豫不决。有些人非常害怕改变，他们认为新事物都不好。而善于自我管理的人则会认为以上这种想法是无益的，他们会尝试学习新的思维模式和做事方式，从而更好地适应和应对自己的期望和情绪。

## 剖析彼此的情商要素之自我激励

从某种意义上来说，自我激励也属于自我管理范畴，它可以促使人们达到并超越自己的期望。懂得自我激励的人知道自己想要哪种情绪以及不想要哪种情绪，且基本知道如何能让自己有满足感，并会不断地努力去获得满足感。懂得自我激励的人也会不断地寻找改善情绪状态的方法。无论是在情绪方面还是其他方面,他们知道自己如何才能成功,并努力为成功打基础。

我们可以通过留意自己或他人的抱怨来提高自己的能力。有抱怨表明存在问题,这是改进的机会。发现问题后,我们可以先思考解决问题的方法,等到有机会后,就开始行动。

## 剖析彼此的情商要素之社会意识

有社会意识的人能觉察外部环境,并了解不同外部环境中群体和个人可能感受到的情绪。

在群体层面,有社会意识的人能理解群体的权力结构和组织结构以及这些结构对人的情绪的影响,也能理解人与人之间的情绪流。这对解读具体情况很有用。以下这种认识便属于社会意识:秘书很乐意帮助老板,尽管他由于工作过度而感到疲惫。

另外,以下这种认识也属于社会意识:秘书可能容易

## 第 5 章
塑造深入而持久的关系

被取代,因此不那么重要,而且他和他的老板都会受到这种认识的影响。这听上去似乎很费脑子,其实可以简化为以下思考模式:为什么对方会与某人发生某些行为而与其他人不会?然后找出导致这种行为的原因。

观察和交流有助于培养这种能力。例如,每当我们看到让我们感到困惑或感兴趣的互动时,我们可以问问自己:他们为什么这样说?为什么这样做?这有助于我们更好地理解关系动态。我们做得越好,在各种规模和类型的社交场合就越容易表现得体。总之,要先问问自己:为什么会发生某些事情?它们是由哪些看不见或无意识的因素导致的?

一开始,我们可以一个一个地问自己这些问题,很快习惯成自然。这并非易事,且不能只专注于某一个因素。因此,具体情况需要具体对待,我们必须随机应变,并了解人们为什么会有某些感受。问自己下面几个问题有助于我们以一种可能从未考虑过的方式解读他人的情绪:

- 我的想法和行为可能会遭到怎样的误解?
- 对方的主要动机是什么?有哪些未言明的潜在动机可能是我和他都没有察觉的?

- 哪些内在偏见和生活环境会引发某些情绪？对方的生活背景和家庭教养如何？
- 对方如何积极或消极地表达情绪？
- 对方是通过哪些方式表现情绪的？
- 对方可能会有什么样的情绪？为什么？
- 对方这样说的目的是什么？
- 对方的基本情绪状态和偏爱的互动方式是什么？

意识到这些方面有助于提高情商，这样一来，我们能更准确地读懂对方。此外，还可以用一种更标准的方式来回应对方，从而减少消极反应，不过，这可能需要一段时间。而这正是回应和反应之间的区别。

在最基本的层面，情商即知道他人对特定陈述或情况的可能反应以及哪些人可能有不同的回应及其原因的能力。

例如，如果你神情严肃地侮辱某人，他会感到愤怒。在大多数情况下，人都会有这种反应。那么，还可能会有哪些不同的反应？又是什么造成了这种差异？事实上，对方可能会认为你在开玩笑，他可能会迷惑不解地笑起来；他也可能会不予理睬，因为他根本没有听到你说的话。

# 第 5 章
## 塑造深入而持久的关系

如果你情商高，你就很容易和他人建立深层的联系，因为不用等对方开口，你就能理解他。这就是许多人理解的化学反应和融洽关系。高情商的人会毫不费力地与人建立这种关系。

由上文可知，高情商是优秀倾听者的特质，继而会影响他人。前一章曾着重讨论了人们在沟通中的价值观和更深层次的意图，而价值观和意图决定了人们的行为方式。本章重点关注的是情绪，它决定了人们自然且本能的行为方式。综上所述，我们要学习如何分析他人理性的一面和感性的一面，继而预测和解读其行为。

## 不要让潜台词成为互动的障碍

沟通，即理解对方传达的信息和情绪，它并不局限于言语交流。从阿尔伯特·梅拉比安（Albert Mehrabian）和苏珊·R. 费里斯（Susan R. Ferris）于 1967 年进行的"从两种非言语沟通中推断态度"的研究开始，多项研究引用的数据表明，50%～90% 的沟通是基于非言语信号或未言明的信号的。此外，还有基于潜台词、语境、暗示和推断的沟通。那么，言语究竟有什么用？

实际上，我们传达的内容往往会被其言外之意掩盖或与之相矛盾。大多数时候，我们说的并不是我们真正想要表达的内容，而这种做法始于我们小时候。当然，这并不意味着我们使用的言语不重要，言语也很重要，只不过我们使用言语的方式和情境比言语本身更能反映我们的感受和情绪。

对许多人来说，这些"小暗号"是十分微妙或晦涩的。要想进行更清晰的沟通并读懂对方的言外之意，关键的一点是要理解潜台词。具体情境的潜台词是一个重要的情绪线索，它与社会意识类似。莉莲·钱尼（Lillian H. Chaney）和朱莉·莱登（Julie A. Lyden）在1997年发表的文章《潜台词沟通印象管理的实证研究》（*Subtextual Communication Impression Management: An Empirical Study*）中对潜台词做了如下解释：

> 沟通中的潜台词是一种强化或否定言语内容的隐性语言，可用于影响他人对我们的印象，也可用于在各种工作情境中获得竞争优势。潜台词比表

## 第5章
塑造深入而持久的关系

面的言语更微妙,且在人与人之间的互动中可能更真实。

潜台词沟通元素与形象有关,可以通过着装、介绍他人的方式、肢体语言、时间观念、电子通信工具使用情况和餐桌礼仪等信息,传达与信心、可靠性、工作能力和社交能力相关的积极印象或消极印象。

我们以保罗为例,来探讨潜台词的作用。保罗上大学时找了份兼职,想赚些外快。他去了当地的一家电子产品商店工作,因为他对那里的人、环境和产品都了如指掌。他在面试时自诩为销售达人,结果却发现自己并不是。想象一下,他会有多么惊讶。

其他推销员都能轻松完成销售目标,而保罗只能勉强达到最低目标。更令保罗感到羞愧的是,其他推销员完全没有技术知识,但他们每个月的销售额却都超过了他。

保罗的销售业绩很差。为了解决这个问题,老板让保罗去开业绩会议,他没有指出保罗错在哪里,而是决定让保

## 带着目的去倾听
HOW TO LISTEN WITH INTENTION

罗与店里的顶级推销员山姆搭档,看看两人的销售技巧有何不同。

整个下午,保罗一直和山姆在一起,他注意到一件有趣的事:两人面对的顾客一样,顾客询问的内容也一样,但在面对相同的情况时,两人的做法却有很大区别。保罗意识到这一点是在一位顾客来买相机的时候。当时,那位顾客拿起一款相机说"还行",听到这句评价后,山姆拿出一款更贵的相机并开始向那位顾客介绍其性能。保罗并不会这样做,当顾客说某款相机"还行"时,他会继续专注于向顾客推销这款相机或直接放弃推销。

令保罗惊讶的是,那位顾客最终买了更贵的那款相机。等顾客离开商店后,保罗马上问山姆:"你为什么推荐另一款相机?这不会把顾客弄糊涂吗?他都说第一款相机还行了。"

山姆笑着说:"顾客说'还行'并不代表他们认为相机好。'还行'并不是肯定,通常意味着他们有更高的要求或他们的期望还没有得到满足,实际上,他们是在问有没有其他推荐。"

# 第 5 章
## 塑造深入而持久的关系

也就是说,保罗只是从字面上理解了顾客说的话,没有听出顾客传达给他的真正信息,因此他只是根据顾客的字面意思推荐产品,没有考虑过换一种沟通方式。后来,山姆又解释说,顾客说的话只是他们想传达内容的冰山一角,用平淡的语气说"还行"和说"不好"没有区别。山姆的这句话听上去很简单,却让保罗受益匪浅,很快,保罗的销售业绩就出现了明显的提升。保罗也领悟了潜台词的巨大力量。

因此,要学会理解潜台词,这样才能更好地读懂他人,并能针对对方想要传达的内容给出回应。

## 挖掘表象背后的情感与诉求

沟通大体上可以分为两类:显性沟通和隐性沟通。显性沟通表现为倾诉者直接说明用意,如直接告诉对方自己饿了,想要吃汉堡。隐性沟通则表现为倾诉者不直接说出自己的想法,而是依赖其他方式来表达,且需要倾听者对其进行正确的解读。例如,如果倾诉者想用隐性沟通来表达"我饿了",他可能摸摸肚子、舔舔嘴唇,告诉对方旁边的桌子上有菜单,还可能会说自己上一餐吃得很少。

虽然不是每个人都能注意到这些暗示,但想要传达的信息无可否认。我们经常通过这种间接的方式进行沟通,希望省去直接表达的麻烦。因此,理解了对方温和话语背后的潜台词,就可以了解他们的真实感受和想法。

来看下面两段对话中显性信息与暗含潜台词的隐性信息有何不同。事实上,以下两段对话各自都要加上乙没有说出来的内容才能表达完整的信息。

甲:我胖吗?
乙:(语气犹豫)不胖,你不胖。
乙的潜台词:你可能有点胖。

甲:我胖吗?
乙:不胖,不过我觉得你可以再减几公斤。
乙的潜台词:是的,你现在确实很胖。

潜台词可以通过语气、措辞、表达方式、对以往经历的参考、对人际关系的了解、肢体语言、环境甚至氛围来传达。

# 第 5 章
## 塑造深入而持久的关系

这听起来很抽象且令人费解,其实可以这么理解:潜台词就是我们在言语的字面意思之外想表达的一切。

事实上,我们使用潜台词的主要原因之一就是,潜台词能使我们通过非对抗性的间接方式为人处世。擅长使用潜台词,就能节省时间、提高效率,还能更好地理解他人所处的不断变化的环境,继而提高自己的情商。

潜台词会出现在各种情境中,从工作、约会到家庭生活。事实上,人在约会时经常使用潜台词来表达自己的真实意图。举例来说,如果你约某人一起吃饭,对方却称自己很忙,他可能确实很忙,也可能不想和你一起吃饭。如果你约了他 4 次,他每次都说自己很忙,那么你就可以听出他的潜台词了。这样看来,这段恋情并不乐观。

> **倾听 TIPS**
>
> 擅长使用潜台词的人能节省时间、提高效率、理解他人的处境且情商高。

通常我们会通过行为和措辞给出暗示,迫切地希望对方能够领会。其实,这也是被动攻击行为的起源。我们不喜

带着目的去倾听
HOW TO LISTEN WITH INTENTION

欢有话直说，于是采取间接手段，变得越来越有攻击性，越来越不客气。我们很容易回避，不愿与他人对抗。很少有人愿意直白地表达自己的意见或感情，尤其是与他人发生冲突时。因为直来直去本来就会造成紧张，所以我们想要避免。于是，潜台词便有了用武之地。

要想了解潜台词在社交场合中的作用，一个有效的方法是，想想潜台词是如何在小说或剧本中发挥作用的。尽管小说或电影通常不会将其中人物的理解、感受或想法直接展示出来，但读者或观众仍然能清楚地了解小说或电影中的各个场景和人物关系：这都源于潜台词的存在。

在小说或电影中，潜台词通常是指人物内心深处的东西，如动机、对其他人物的看法及其各种行为背后的原因或意图。以电影为例，如果导演不给电影中的人物设立明确的动机，只是让演员按照"所见即所得"的方式表演，那么最终这部电影会十分单调且乏味，不会给观众带来任何情感冲击。

而在电影中，潜台词有可能模棱两可：有时是有意的，有时是无意的。这必须由观众来"脑补"。因此，两个人在

# 第 5 章
## 塑造深入而持久的关系

看完同一部电影后,他们对导演想要传达的思想可能会有截然不同的看法。

接下来,我们通过一个电影场景示例详细阐释潜台词的作用。需要注意的是,必须把隐性沟通和显性沟通区分开。

假设在一个房间里,一位男性手里紧握着一个淡蓝色的小盒子。桌子上摆着玫瑰和香槟。一位女性出现在画面一侧,准备离开房间,她没有注意到角落里的男性。就在此时,这位男性说:"等等!"

他为什么叫住她?

如果你回答说"他想向她求婚",那么你已经理解了这个基本场景的潜台词。对于这个场景,没有人告诉你这位男性想要向这位女性求婚,你是结合氛围、描述和场景本身推断出来的。

"等等"是潜台词吗?在这个场景中,这位男性叫住了这位女性。根据他的表达方式,"等等"这个词的含义可能是"别走"或"留下来",除此之外,它并没有其他隐藏的含义。

这位男性也可以直接说："我为你布置了这张桌子，还去店里买了这枚戒指。我想向你求婚。"但在现实生活中，有很多人不会这样做。因此，电影必须通过潜台词让观众了解正在发生的事情。

> **倾听 TIPS**
>
> 通过潜台词来填充细节，能有效改善沟通效果和增加他人对你的好感。

通过潜台词来填充细节，能有效改善沟通效果和增加他人对你的好感。仔细观察后你会很快发现，人们说的几乎每句话都包含潜台词，都在有意或无意地传递着其他信息。

要想理解某人的潜台词，就要注意他的过往经历及其与当前情况的关系，要弄明白他的哪些情绪在起作用。事实上，至少有一种主要情绪在起作用。这种情绪必然会影响他的观点、优先事项和动机，这样，他传达的信息会有别于其言语的字面意思。如果我们知道对方的一般人格特质，就可以通过分析他的行为习惯来推断其潜台词。从本质上说，在理解潜台词时，要考虑信息的来源以及对方的经历在他与人沟通时产生的影响。

## 第5章
塑造深入而持久的关系

另外,我们可以通过分析对方的语气来判断其言语的真实性。他的语气是愤怒的、严肃的,还是带有讽刺意味的?他的语气和信息相符吗?如果对方用一种带有讽刺意味的语气说"是",那么他真正的意思可能是"不是";如果对方生气地说"是",那么他可能对结果不满意;如果对方严肃地说"是",那么他心里可能很重视或非常在乎。也就是说,即使是相同的回答,说话者的语气不同,其含义可能也不同。因此,不能只了解言语的字面意思。

还要注意观察对方的回应。分析一下对方的耐心程度、友善程度或随和程度,就可以判断他对你说的话的看法。此外,也可以分析对方对你说的话是沉默以对还是表现出很大兴趣,以此来判断他对你的看法。

例如,如果对方回答你提的一个简单的问题也要花上点时间,那么说明他需要仔细考虑如何回答。此时,即使他口头上同意你的观点,也可能会用潜台词来传达否定的信息。

还有一点也需要考虑,那就是对方在多大程度上偏离了日常行为模式。要考虑这一点,可能需要更高的观察技巧。例如,如果你的上司平常都积极乐观,但某天他突然变得忧郁和消极起来，这意味着什么呢？即便他说"事情进展得很顺利"，但他真正想传达的可能是完全相反的信息。

潜台词会给我们提供一些线索，我们可以利用这些线索成为沟通高手。事实上，暗示无处不在。而难点在于，如何即时地解读这些暗示，就像我们在日常对话中可能会做的那样。

> **倾听 TIPS**
>
> 想即时解读暗示，一要处理对话并适当回应，二要留意潜台词线索。

实际上，要想即时解读暗示，需要做到以下两点：一是处理对话并适当回应，二是留意潜台词线索。也许我们可以通过训练来领会特定类型的潜台词和社交线索，但我们是否能在解读其他线索的同时领会潜台词和社交线索，还是我们一次只能听出有限的内容？事实上，在一开始，我们可能需要花很大的精力才能同时注意多种信息。

我们只能从小处做起，训练自己思考"他为什么这么说""他有什么感受""这可能意味着什么"等问题，直到变成潜意识的习惯。

## 第 5 章
### 塑造深入而持久的关系

最后，介绍一个简单的练习，它有助于我们进入状态：去公共场所观察人们的互动。比如，坐在咖啡馆里偷偷地观察邻桌的人。我们听不清他们显性沟通的内容，所以要猜测其隐性沟通传递的潜台词。我们要赋予他们故事背景、情绪和动机，随后可以大胆猜测，编些故事。一旦我们对潜台词有了更好的理解，我们在这种情况下编造的故事就会越来越真实。

带着目的去倾听
HOW TO LISTEN WITH INTENTION

## 向上社交提升指南

为什么经常聊天,却依然不能建立深入而持久的关系?

建立长久关系的根本动因并不在于相处的时间,而是准确而透彻地剖析对方,这就需要一定的情商基础,情商可以从自我意识、自我管理、自我激励、社会意识方面提高。

- 提高自我意识的方法有 4 种:进行心理或性格测验、请朋友评价你的人格特质或技能、观察他人对你言行的反应、反思自己做过的事并自问原因。

- 基于提高情商目的的自我管理包括 3 方面:掌控自己的情绪、建立积极的人生观、大胆拥抱变化。

- 基于提高情商目的的自我激励有 3 种:明确自己想要和不想要的情绪类型、不断寻求改善情绪的方法、留意自己或他人的抱怨以提升自己。

- 提高社会意识的方法有 4 种:对他人行为做出

# 第 5 章
## 塑造深入而持久的关系

反应之前先思考其原因、挖掘对方的潜台词、留意对方过往经历与当前情境的关系、觉察对方偏离日常行为模式的程度。

## 未来，属于终身学习者

我们正在亲历前所未有的变革——互联网改变了信息传递的方式，指数级技术快速发展并颠覆商业世界，人工智能正在侵占越来越多的人类领地。

面对这些变化，我们需要问自己：未来需要什么样的人才？

答案是，成为终身学习者。终身学习意味着具备全面的知识结构、强大的逻辑思考能力和敏锐的感知力。这是一套能够在不断变化中随时重建、更新认知体系的能力。阅读，无疑是帮助我们整合这些能力的最佳途径。

在充满不确定性的时代，答案并不总是简单地出现在书本之中。"读万卷书"不仅要亲自阅读、广泛阅读，也需要我们深入探索好书的内部世界，让知识不再局限于书本之中。

## 湛庐阅读 App: 与最聪明的人共同进化

我们现在推出全新的湛庐阅读 App，它将成为您在书本之外，践行终身学习的场所。

- 不用考虑"读什么"。这里汇集了湛庐所有纸质书、电子书、有声书和各种阅读服务。
- 可以学习"怎么读"。我们提供包括课程、精读班和讲书在内的全方位阅读解决方案。
- 谁来领读？您能最先了解到作者、译者、专家等大咖的前沿洞见，他们是高质量思想的源泉。
- 与谁共读？您将加入优秀的读者和终身学习者的行列，他们对阅读和学习具有持久的热情和源源不断的动力。

在湛庐阅读 App 首页，编辑为您精选了经典书目和优质音视频内容，每天早、中、晚更新，满足您不间断的阅读需求。

【特别专题】【主题书单】【人物特写】等原创专栏，提供专业、深度的解读和选书参考，回应社会议题，是您了解湛庐近千位重要作者思想的独家渠道。

在每本图书的详情页，您将通过深度导读栏目【专家视点】【深度访谈】和【书评】读懂、读透一本好书。

通过这个不设限的学习平台，您在任何时间、任何地点都能获得有价值的思想，并通过阅读实现终身学习。我们邀您共建一个与最聪明的人共同进化的社区，使其成为先进思想交汇的聚集地，这正是我们的使命和价值所在。

# CHEERS

## 湛庐阅读 App
## 使用指南

**读什么**
- 纸质书
- 电子书
- 有声书

**怎么读**
- 课程
- 精读班
- 讲书
- 测一测
- 参考文献
- 图片资料

**与谁共读**
- 主题书单
- 特别专题
- 人物特写
- 日更专栏
- 编辑推荐

**谁来领读**
- 专家视点
- 深度访谈
- 书评
- 精彩视频

HERE COMES EVERYBODY

下载湛庐阅读 App
一站获取阅读服务

How to Listen with Intention by Patrick King

Copyright © 2020 by PKCS Mind, Inc.

Simplified Chinese translation rights arranged with PKCS Mind, Inc. through TLL Literary Agency.

All Rights Reserved.

本书中文简体字版经授权在中华人民共和国境内独家出版发行。未经出版者书面许可，不得以任何方式抄袭、复制或节录本书中的任何部分。

**版权所有，侵权必究。**

图书在版编目（CIP）数据

带着目的去倾听 /（美）帕特里克·金（Patrick King）著；孙亚南译. -- 杭州：浙江教育出版社, 2023.10
ISBN 978-7-5722-6560-0

Ⅰ. ①带… Ⅱ. ①帕… ②孙… Ⅲ. ①人际关系学—通俗读物 Ⅳ. ①C912.11-49

中国国家版本馆CIP数据核字(2023)第176480号

上架指导：心理学/沟通与社交

版权所有，侵权必究
本书法律顾问　北京市盈科律师事务所　崔爽律师

浙江省版权局
著作权合同登记号
图字：11-2022-371号

## 带着目的去倾听
### DAIZHE MUDI QU QINGTING

[美] 帕特里克·金（Patrick King）著
孙亚南　译

**责任编辑**：李　剑
**助理编辑**：周涵静
**美术编辑**：韩　波
**责任校对**：王晨儿
**责任印务**：陈　沁
**封面设计**：ablackcover.com

| | |
|---|---|
| 出版发行 | 浙江教育出版社（杭州市天目山路40号） |
| 印　　刷 | 天津中印联印务有限公司 |
| 开　　本 | 880mm×1230mm　1/32 |
| 印　　张 | 5.5 |
| 字　　数 | 94千字 |
| 版　　次 | 2023年10月第1版 |
| 印　　次 | 2023年10月第1次印刷 |
| 书　　号 | ISBN 978-7-5722-6560-0 |
| 定　　价 | 79.90元 |

如发现印装质量问题，影响阅读，请致电 010-56676359 联系调换。